JN079852

国連タジキスタン監視団民政官の記録
国連ピースキーパー
「この国の和平につくして死す」

The UN Peacekeepers, Died Serving the Cause of Peace

登丸求己 著

国連タジキスタン監視団で平和のために尊い命を犠牲にされた
日本人政務官故秋野豊氏にこの拙著を捧げます。

東京図書出版

国連タジキスタン監視団
1994－2000

1998年７月20日　この国の和平につくして死す

秋野豊 ── 日本
リシャルト・シェフチェック ── ポーランド
アドルフォ・シャルペギー ── ウルグアイ
ジュラジョン・マフラモフ ── タジキスタン

まえがき――タジキスタンの平和と市場経済化改革

私が国連開発計画（ＵＮＤＰ）を休職して、国連平和維持活動（ＰＫＯ）でタジキスタンに赴任したのは１９９９年４月のことである。当時のタジキスタンは、１９９２年ソビエト制度の崩壊にともなって自然的に独立をしたのであるが、旧共産党政権とイスラム復興主義の反政府連合（ＵＴＯ）の対立で内戦に突入した。その後、国連や関係諸国の和平調停によって、１９９７年６月には両者の和平協定が成立していた。国連タジキスタン監視団（ＵＮＭＯＴ）が和平協定の実行監視を行っていたのだが、内紛が続き和平協定の実施は一進一退を繰り返し遅々として進まないでいた。そんな中、１９９８年７月ＵＴＯの拠点地域であるカラテギン渓谷で監視活動中のＵＮＭＯＴ監視チーム襲撃事件が起きた。

この事件のことは、私がＵＮＭＯＴに着任して以来、自分で積極的に聞きまわったわけではないが事件にかかわったＵＮＭＯＴの同僚達が時に応じてそれぞれ目撃した事実、背景、解説などそれぞれの視点から、溜まっていたものを吐き出すように自分から語ってくれ、関連書類やビデオを見せてくれた。私は、秋野豊政務官の殉死から一年足らず後に当地に赴任した日本人民政官として、必ずこの事件の詳細を書き残し、機会があるごとに伝えていかなければならないと思っていたので、民政官として取りまとめたこの記録を公開することにした。

ＵＮＤＰにおける私の専門分野は、貧困撲滅すなわち経済社会開発である。貧困がすべての社会悪の根源だから、貧困をなくすことで人は幸せになれるし、世界の紛争もなくすことができると信じてこの仕事をやってきた。だからタジキスタンや東ティモールでＰＫＯにも挑戦したのである。その後、２００1年に国連を退職し、玉川大学教授となって、国際開発論、国際協力論、異文化コミュニケーション論などを担当していた。そこでＪＩＣＡ（独立行政法人国際協力機構）から、市場経済化を目指すタジキスタン大統領府の開発政策アドバイザーとして派遣要請があった。もちろん専門分野の経済社会開発で本領発揮できる機会なので快諾し、２００４年大学を休職してタジキスタン再訪を果たした。

大統領府開発政策アドバイザーとしては、ＪＩＣＡや日本政府の支援はいうまでもなく、大統領府の有力なカウンターパート経済担当補佐官とプロジェクト関係者の強力な支援があって私のプロジェクトは成功裏に終了できた。プロジェクトの成果報告書「Report of the Assessment on Development Management Capacity of the Government of Tajikistan（タジキスタン政府の開発行政力に関する評価報告と行政改革の提言）」はタジク政府とＪＩＣＡに提出し、大統領府からは報告書の発表プレゼンテーションを求められ、タジキスタン政府全閣僚を招集してロシア語との同時通訳でプレゼンテーションをする機会が与えられたことは予想もしなかった光栄であった。

さらに、ＪＩＣＡはいまフォローアップとしてタジキスタンの開発政策支援プロジェクトに取り掛かるところであるが、私自身２０１９年にフォローアップ・プロジェクトの検討調査ミッションでタジキスタンを再訪し、経済開発・貿易省に表敬訪問したときに、大臣から「あなたの報告書は今も私の手元にあり、経済開発貿易省の開発政策の指針になっています」と言われ、一人感激したことが忘れられない。経済社会開発を目指したものにとって、この言葉がこれまでの自分の国際協力経験を総括して報われた気がしている。

内戦で出遅れたタジキスタンの市場経済化のために、政府の行政改革が順調に進みできるだけ早く市場経済体制への移行を果たすことを祈るばかりである。

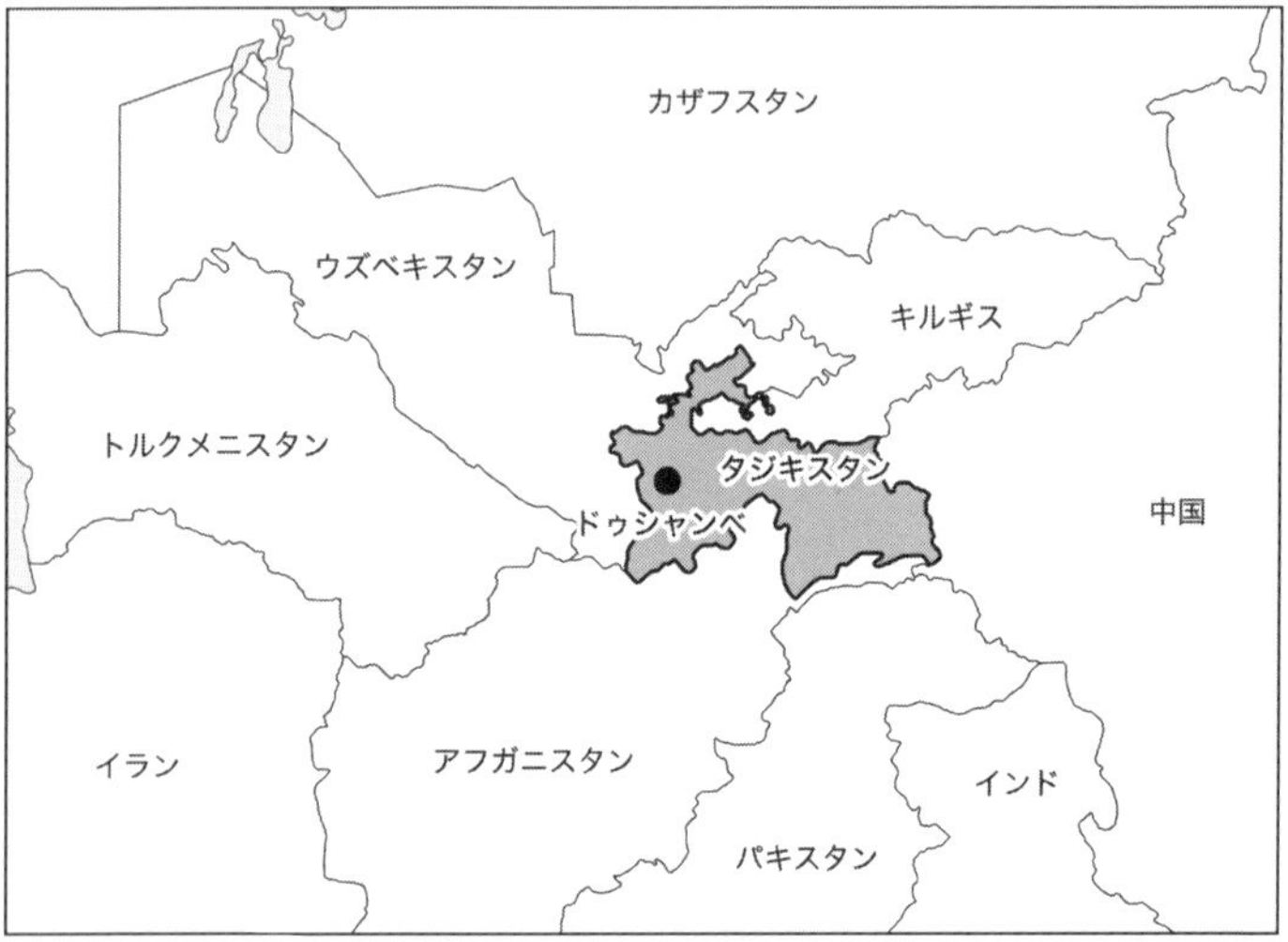

タジキスタン・中央アジア

国連タジキスタン監視団民政官の記録◇目次

Ⅰ　国連ピースキーパー

◆国連平和維持活動（ＰＫＯ）は命がけの仕事なのか？

私は、１９９９年４月に紛争地タジキスタンで展開していた国連タジキスタン監視団（ＵＮＭＯＴ：United Nations Mission of Observers in Tajikistan）の民政官として首都ドゥシャンベに赴任した。私の着任前年１９９８年７月に日本人政務官秋野豊氏を含む４人のＵＮＭＯＴ監視チームが、反政府武装勢力の本拠地がある山岳地域で監視活動中に武装グループの銃撃を受け死亡した所である。

では、国連の平和維持活動（ＰＫＯ）はいつも命の危険と表裏一体の命がけの活動なのかといえば、そうではない。そもそも国連ＰＫＯが停戦合意のない戦闘地に行くことはない。停戦合意に加え対立する両勢力が国連の介入に合意したうえで、初めて国連はＰＫＯの派遣を決めて展開するのである。まずＰＫＯは平和状態の維持を目的として、いずれの勢力にも偏らない絶対中立を貫くこと、さらに武力で平和を維持することはないので武器は保持しないことが派遣の重要な原則である。

だが武装した勢力が対立している紛争地での活動だから、停戦合意が破られれば戦闘に巻き込まれる危険は免れない。自己防衛のための最低限の武器は保持できることになっているものの、通常の軍事部の監視活動で武器を携行することはないのである。ましてや我々のような民政官が武器に触れることなどないのは言うまでもない。

ちなみに、平和維持活動というと軍事活動だけだと思われがちだが、戦闘の停止にともなう市民社会の安定化も平和の維持に欠かすことができない。したがって、ＰＫＯはいつも軍事部と民政部で構成されているのである。ＵＮＭＯＴは他のＰＫＯと同様に、国連事務総長特別代表（ＳＲＳＧ）をトップとして、軍事部が停戦違反攻撃の監視、対立勢力の引き離し、武装解除の立ち会いなどを担当し、民政部が社会治安状況の情報収集、除隊兵士の社会復帰（ＤＤＲ）プロジェクトの推進、平和構築に欠かすことのできない民主的憲法の策定や公正な選挙の監視などの民主化支援を行っているのである。

殉職された秋野豊氏はＵＮＭＯＴ民政部の政務官で、特別代表が行う和解調停のために軍事監視官とともに地方の反政府武装グループのリーダー達と接触し、治安情報の収集を行って特別代表に状況報告を行うことが任務である。一方、民政官としての私の任務は、軍事部長とともに政府と反政府グループが協議する和解評議会に出席し、国連側の支援状況を報告すること、とりわけ民政部は戦闘員が武器を放棄することを条件に公共事業などによって雇用を創出して賃金を支払うという社会復帰（ＤＤＲ）プロジェクトの推進と実施協力に力を注いでいるのである。

◆現代のフロンティア――ＰＫＯ

国連平和維持活動（Peace-Keeping Operations：ＰＫＯ）は現代のフロンティアである。平和維持活動はもちろん一人でできるものではないし、その道のりは遥かである。ちょっとやそっとのことでは実現できそうもない世界平和という広漠とした理想の前で、国際社会の外交議論と武力だけの対応では手に余り、今や市民の出番である。平和維持活動には、一人の人間の努力には限りがあるけれど多くの力を合わせればいつか必ず達成できるという夢がある。戦禍の中で疲れ果てた無辜の市民に何かをしなければという使命感がある。紛争で破壊された町や村で人のために働き、過酷な環境で自分が生き抜いていくことは自分に対する挑戦でもある。そして困難を克服して、現地の人達とともに世界中から集まった仲間とともに働く時、忘れられない人生のドラマや出会いがある。長い人生の青春の一こまにがむしゃらに生きる時があってもいい。その意味で、平和維持活動はこれからの日本の若者が選択できる一つの価値ある生き方であると思う。

平和維持活動ほど人種や国境を超えて世界中の人達が力を合わせて働いているところはない。多くのＰＫＯでは軍人や警察官だけでなく年寄りも若者も男も女も、平和と人道と民主化という目的に向かって現在も奮闘している。いろいろな国から様々な職業の人達が集まるＰＫＯはさながら映画『スター・ウォーズ』の世界にいるようである。ＰＫＯの生活環境は決して快適とはいえないし、絶対に安全であるともいえない。それでも世界中からそれぞれの天職をもって平和維持活動のために集まった人達がいる。高い理想と困難な現実をあわせ持つ平和維持活動の現場に集まった多くの人達には、様々な人生模様と様々な人間模様がある。ここでは、仕事としてのPKOだけでなく人間としてのピースキーパーにも焦点を当てたい。

◆国連平和維持活動とピースキーパー

平和維持活動（PKO）という言葉は国連憲章にはない。しかし第二次世界大戦後、現在の国際連合が創設されて以来、平和維持活動は国際社会の平和と安全保持のために国連によって創り出され、半世紀以上の間に必要に応じその形態を発展進化させてきた制度である。すなわち平和維持活動は、ある紛争地域において限られた期間に平和維持のために特別な任務を遂行すべく国連安全保障理事会が派遣するもので、国連ではこれをPKOミッションという。したがって国連ピースキーパーとは、世界中の紛争地で繰り広げられているPKOミッションの軍事要員と文民警察官をはじめとして選挙、人道、人権、政治問題などを担当する民政官、ミッションの維持管理に関わる総務・業務・技術などすべてのスタッフの総称である（＊注：文民警察とは軍事警察に対する市民警察のことである）。

近年世界中のあちこちで、部族対立や宗教対立による内戦・地域紛争などが絶え間なく起こっているが、これは一見、紛争当事者間の問題として国際社会が介入する必要はないように見える。しかし、ここであらためて言うまでもなく戦争とは破壊と殺戮であり、これによっていわれのない被害を受けるのは罪のない一般市民である。戦争によって社会経済基盤は破壊され、子供や年寄りなどの非戦闘員を含む何万、ときに何十万という殺戮が行われる。さらにその何十倍という人達が住む所も財産も失い故郷を捨てて戦火の中を逃げ惑い、多くは着の身着のままで国境を越えて隣国に逃れ、難民となって不自由なキャンプ生活を強いられている。多くの避難民を生み出すだけならまだしも権力者の命令で何万、何十万という同胞を虐殺できるのはいかに戦争心理とはいえ極めて異常な状態といわなければならない。こういう戦争状態では、人道問題に対処する能力は紛争当事者にはない。そのため国際社会が、まず人道的見地から戦争で国家という社会基盤を失った一般市民に対する救済支援を行い、更なる被害者を生み出さないために必要な介入をするのである。次に、現在の国際社会は政治的にも経済的にも複雑に絡み合った相互依存関係で成り立っているので、紛争を当事者間だけの問題として手をこまねいているわけにはいかなくなっている。紛争は一地域内の対立だからといって国際社会が傍観していることで、一国の内戦が隣国や関係国を巻き込んでさらに拡大し国際社会全体の政治経済の安定を崩壊させることになるからである。したがって、地域の安定のために国際社会はできるだけ早い機会に介入し、平和維持のために、時に武力を行使することもありうるのである。

国連憲章「第6章」は紛争の平和的解決を規定している。国際社会の平和と安全を脅かす恐れのある紛争の当事国は、まず交渉、斡旋、和解、調停、司法解決、地域機関や制度への提訴あるいは当事国自身が選ぶその他の平和的解決方法を追求しなければならないとしている。そして「第7章」では平和に対する脅威、平和の侵害、侵略行為に対する国連としての処置を定めている。安全保障理事会は、紛争が国際社会の平和と安全を脅かすと認められた場合、平和と安全の保持あるいは回復のために紛争当事国に対し、まず経済関係や運輸通信手段の中断あるいは外交関係断絶などの武力をともなわない対処を決め関係国に要請する。この処置が効果を持たないと認められた時には、安全保障理事会は武力による示威行動、封鎖、その他加盟国の陸海空軍による軍事行動を認めることができる。国連憲章を見る限りにおいては国連の平和維持活動に関する明確な規程はない。国連平和維持活動は、「第6章」における紛争の平和的解決と「第7章」の武力介入の間にあって、必要に迫られ実効性のある手法として取り入れられ進化してきた制度である。故ダグ・ハマーショルド第2代国連事務総長はこのことを表して、国連平和維持活動は国連憲章「第6章半」に準拠していると言ったのである。

国連広報局の資料によれば、国連は1948年に第二次世界大戦後初めてアラブ－イスラエル戦争の休戦監視ミッション（UNTSO）を開始してから、2020年12月現在で合計71の平和維持活動（PKO）を実施し、これに関わったピースキーパーの延べ人数は125カ国から男女合わせておよそ100万人である。現在は主にアフリカを中心として14PKOミッションが進行中で、10万人以上の軍人、警察官、民間人が従事している。この進行中14ミッションに対して国連総会が認めた２０１９－２０２０年度の予算総額は65億ドルである。ちなみに、この数字は世界中の軍事予算の合計1兆４７４０億ドル（２０１３年の推計）の１％にも満たないのである。

国連平和維持活動はこれまでの71年間70ミッションで３５００人以上の殉職者を出しているが、このうちの９４３人が敵対行為による死亡で、それ以外は活動中の事故や病気による死亡である。ただ、平和維持活動とはいえ国連は紛争の真っ只中にむやみに人を送り込むわけではなく、ミッションを設置するには文字通り維持しようとする一時的平和が存在する必要がある。すなわち国連特使や関係国の仲介によって紛争当事者が休・停戦の意志を持ち、和平のための調停斡旋を受け入れる意志があること、あるいは両者または一方が国連の介在を必要としていることを確認し、国連要員の安全の保証を得たうえで、安全保障理事会が派遣を決めるのである。（*United Nations Peacekeeping Operations, Principles and Guidelines*）

LIST OF PEACEKEEPING
OPERATIONS **1948 - 2020**

ACRONYM	MISSION NAME	START DATE	END DATE
UNTSO	United Nations Truce Supervision Organization	May 1948	Present
UNMOGIP	United Nations Military Observer Group in India and Pakistan	January 1949	Present
UNEF I	First United Nations Emergency Force	November 1956	June 1967
UNOGIL	United Nations Observation Group in Lebanon	June 1958	December 1958
ONUC	United Nations Operation in the Congo	July 1960	June 1964
UNSF	United Nations Security Force in West New Guinea	October 1962	April 1963
UNYOM	United Nations Yemen Observation Mission	July 1963	September 1964
UNFICYP	United Nations Peacekeeping Force in Cyprus	March 1964	Present
DOMREP	Mission of the Representative of the Secretary-General in the Dominican Republic	May 1965	October 1966
UNIPOM	United Nations India-Pakistan Observation Mission	September 1965	March 1966
UNEF II	Second United Nations Emergency Force	October 1973	July 1979
UNDOF	United Nations Disengagement Observer Force	June 1974	Present
UNIFIL	United Nations Interim Force in Lebanon	March 1978	Present
UNGOMAP	United Nations Good Offices Mission in Afghanistan and Pakistan	May 1988	March 1990
UNIIMOG	United Nations Iran-Iraq Military Observer Group	August 1988	February 1991
UNAVEM I	United Nations Angola Verification Mission I	January 1989	June 1991
UNTAG	United Nations Transition Assistance Group	April 1989	March 1990
ONUCA	United Nations Observer Group in Central America	November 1989	January 1992
UNIKOM	United Nations Iraq-Kuwait Observation Mission	April 1991	October 2003
MINURSO	United Nations Mission for the Referendum in Western Sahara	April 1991	Present
UNAVEM II	United Nations Angola Verification Mission II	June 1991	February 1995
ONUSAL	United Nations Observer Mission in El Salvador	July 1991	April 1995
UNAMIC	United Nations Advance Mission in Cambodia	October 1991	March 1992
UNPROFOR	United Nations Protection Force	February 1992	March 1995
UNTAC	United Nations Transitional Authority in Cambodia	March 1992	September 1993
UNOSOM I	United Nations Operation in Somalia I	April 1992	March 1993
ONUMOZ	United Nations Operation in Mozambique	December 1992	December 1994
UNOSOM II	United Nations Operation in Somalia II	March 1993	March 1995
UNOMUR	United Nations Observer Mission Uganda-Rwanda	June 1993	September 1994
UNOMIG	United Nations Observer Mission in Georgia	August 1993	June 2009
UNOMIL	United Nations Observer Mission in Liberia	September 1993	September 1997
UNMIH	United Nations Mission in Haiti	September 1993	June 1996
UNAMIR	United Nations Assistance Mission for Rwanda	October 1993	March 1996
UNASOG	United Nations Aouzou Strip Observer Group	May 1994	June 1994
UNMOT	United Nations Mission of Observers in Tajikistan	December 1994	May 2000
UNAVEM III	United Nations Angola Verification Mission III	February 1995	June 1997
UNCRO	United Nations Confidence Restoration Operation in Croatia	March 1995	January 1996

全PKOミッション（1948-2020）リスト　1

国連平和維持活動HP

ACRONYM	MISSION NAME	START DATE	END DATE
UNPREDEP	United Nations Preventive Deployment Force	March 1995	February 1999
UNMIBH	United Nations Mission in Bosnia and Herzegovina	December 1995	December 2002
UNTAES	United Nations Transitional Administration for Eastern Slavonia, Baranja and Western Sirmium	January 1996	January 1998
UNMOP	United Nations Mission of Observers in Prevlaka	February 1996	December 2002
UNSMIH	United Nations Support Mission in Haiti	July 1996	July 1997
MINUGUA	United Nations Verification Mission in Guatemala	January 1997	May 1997
MONUA	United Nations Observer Mission in Angola	June 1997	February 1999
UNTMIH	United Nations Transition Mission in Haiti	August 1997	December 1997
MIPONUH	United Nations Civilian Police Mission in Haiti	December 1997	March 2000
UNCPSG	UN Civilian Police Support Group	January 1998	October 1998
MINURCA	United Nations Mission in the Central African Republic	April 1998	February 2000
UNOMSIL	United Nations Observer Mission in Sierra Leone	July 1998	October 1999
UNMIK	United Nations Interim Administration Mission in Kosovo	June 1999	Present
UNAMSIL	United Nations Mission in Sierra Leone	October 1999	December 2005
UNTAET	United Nations Transitional Administration in East Timor	October 1999	May 2002
MONUC	United Nations Organization Mission in the Democratic Republic of the Congo	November 1999	June 2010
UNMEE	United Nations Mission in Ethiopia and Eritrea	July 2000	July 2008
UNMISET	United Nations Mission of Support in East Timor	May 2002	May 2005
MINUCI	United Nations Mission in Côte d'Ivoire	May 2003	April 2004
UNMIL	United Nations Mission in Liberia	September 2003	March 2018
UNOCI	United Nations Operation in Côte d'Ivoire	April 2004	May 2017
MINUSTAH	United Nations Stabilization Mission in Haiti	June 2004	October 2017
ONUB	United Nations Operation in Burundi	June 2004	December 2006
UNMIS	United Nations Mission in the Sudan	March 2005	July 2011
UNMIT	United Nations Integrated Mission in Timor-Leste	August 2006	December 2012
UNAMID	African Union-United Nations Hybrid Operation in Darfur	July 2007	December 2020
MINURCAT	United Nations Mission in the Central African Republic and Chad	September 2007	December 2010
MONUSCO	United Nations Organization Stabilization Mission in the Democratic Republic of the Congo	July 2010	Present
UNISFA	United Nations Organization Interim Security Force for Abyei	June 2011	Present
UNMISS	United Nations Mission in the Republic of South Sudan	July 2011	Present
UNSMIS	United Nations Supervision Mission in Syria	April 2012	August 2012
MINUSMA	United Nations Multidimensional Integrated Stabilization Mission in Mali	April 2013	Present
MINUSCA	United Nations Multidimensional Integrated Stabilization Mission in the Central African Republic	April 2014	Present
MINUJUSTH	United Nations Mission for Justice Support in Haiti	October 2017	October 2019

Find out more on, peacekeeping.un.org
and follow us on social media

United Nations Peacekeeping

全PKOミッション（1948-2020）リスト　2

国連平和維持活動HP

◆国連平和維持活動の任務と構成

ＰＫＯの進化：１９８０年代の終わりまでの平和維持活動というのは、もともと停戦監視、戦力引き離し、緩衝地区の設定・監視など基本的に軍事活動のみ（伝統的ＰＫＯ）であったが、１９９０年前後における東西冷戦構造の消滅によって地域・部族紛争や宗教対立が世界各地で頻発したことからさらに人道支援、政治・民主化支援などが加わった（多角的ＰＫＯ）。さらにこの多角的平和維持活動は、１９９２年のカンボジア暫定統治機構の設置によってポスト・コンフリクトの暫定的行政府という平和維持活動の新たな世代（暫定的行政代行ＰＫＯ）をつくり出した。

一般的に、平和維持活動は三つの基本的な分野からなっている。休停戦や武力隔離を監視する軍事部門、特別代表が行う紛争調停の斡旋にともなって民主化支援を行う民政部門、さらに国連の関係機関が直接行う人道支援である。国連平和維持活動は半世紀以上の経験を通し状況に応じ様々な対応を行ってきたが、具体的には次のような広範な機能が取り入れられ、今ではそれぞれのミッションの任務によって必要な機能が組み合わされている。

✧軍事監視：休停戦維持、緩衝地区設定、武力隔離、服従義務認定、軍隊撤収監視

✧除隊・復員：和平合意にもとづく元戦闘員の収容と除隊、市民生活復帰のための小額現金、作業用具、生活用具などの支給
✧武装解除：除隊・復員にともなう武器の収用または収用監視、武器の保管または廃棄処分
✧地雷除去：地雷探査と分布図作成、データベースの確立、地雷キャンペーン実施、地雷処理チーム養成、地雷対策制度の確立
✧人道支援：他の国連・国際機関が行う仮設避難所、食糧・医薬品配給などの人道活動援護または直接支援
✧選挙支援：選挙法制度助言、選挙の実施または監視、選挙活動、投票、集計の監視、選挙法文案作成
✧人権：部族、人種、宗教、政治または性別などによる暴力や差別の監視、政府官憲による不当な取り扱いの監視と対応、警察や裁判制度の改善
✧文民警察：人権遵守監視・改善、対立グループ間や警察・市民の信頼関係確立
✧地域機関協力：平和の確立に関し当該地域機関との政治協力、例えば欧州安全保障協力機構（OSCE）、独立国家共同体（CIS）、北大西洋条約機構（NATO）など
✧行政代行：独立までに必要な暫定的行政代行機構の設置

軍事部門は平和維持軍（PKF）と軍事監視団（MILOB）からなり、協力国から提供さ

れる軍人・兵士で構成されている。軍事要員はあくまで自国の軍組織に所属するが国連の平和維持作戦によって行動する。平和維持軍司令官、軍事監視団長には将官級があたっており、ミッションの任務によって兵員数と階級にはかなり幅があるが、平和維持軍は歩兵、軍事監視団は上級士官で構成されている。一つのミッションは複数の国の兵員で構成され、平和維持活動の要である停戦違反の監視や戦力の隔離は紛争地の最前線に配置されている。軍事要員はそれぞれ自国軍ユニフォームに国連の記章をつけ、ピースキーパーの代名詞にもなっている国連のブルーベレーあるいはブルーヘルメット、ブルーの防弾チョッキを着用する。武器は、ピースキーパーが攻撃を受けた場合に身を守るため、もしくは武力によって平和維持活動の任務を阻止しようとする者に対する威嚇のために、最低限必要な軽火器を携行使用することが認められている。平和維持軍や軍事監視官は武力抗争に対する秩序維持を任務とするが、文民警察は停戦下並びに紛争後における市民社会の治安秩序維持と民主的法治制度の確立を任務としている。文民警察官も加盟国からの任意提供で、自国警察のユニフォームを着用し国連の記章をつけている。通常、軍事監視官および文民警察官は武器を携行しない。

民政部門は調停斡旋のための政情分析、民主化支援のための憲法改正や選挙監視、避難民に対する人道支援、広報などが主な活動で、紛争の調停斡旋と民主化促進の総責任者である特別代表の頭脳ともいえる部門である。民政部のスタッフは一般に民政官（Civil Affairs Officer）と総称されるが、担当部門によって政務官、法務官、広報官などとも呼ばれている。民政官は、国連事務局や他の国連機関からの出向者、加盟国政府機関からの出向者、当該ミッションのために直接採用される外部の専門家および国連ボランティア（ＵＮＶ）からなっている（**民政官の任務については第Ⅲ章「国連タジキスタン監視団〈ＵＮＭＯＴ〉：民政部／民政官　ＵＮＭＯＴ民政部」の項で詳述している**）。

これに加えミッションを効率的かつ確実に実施運営するために、ミッションには必ず業務管理部門がある。この業務管理部門は軍事部門の次に多い人員を抱えているが、これは一つのミッションに必要な維持機能が、ミッションの大きさにかかわらず基本的に同じだからである。総務、財務、人事、営繕に加え、ＰＫＯミッションにとって特に重要な機能は電気通信、運輸、空輸、情報技術、警備および医務である。電気通信は、通信衛星によってミッションとニューヨーク国連本部とを直通回線で結び、各ミッション本部からニューヨーク本部への電話は内線番号のみでかけられるようになっており、ニューヨークへの市内通話も国連本部にいるのと同様にかけられる。この衛星通信の維持管理に加え遠隔地にある監視事務所との無線通信網、それにミッションによってはすべてのスタッフに渡される携帯無線機の保守管理が電気通信課の主な仕事である。運輸課は車両の保守と運行管理、空輸課はミッション本部と遠隔地事務所や隣国都市などを結ぶ委託ヘリコプターやターボプロップ機の運行管理を行っている。情報技術課は通信衛星を使ってほとんどのＰＫＯミッションをネットワークでつないでおり、国連の内部ネットワークがそのまま使えるようになっている。警備課は特別代表の側近警備に加え主に治安情報の収集、事故処理、安全指導を担当している。ＰＫＯミッションは通常、生活環境も厳しい不健康地であることが多いので、常に事故や怪我、風土病の危険にさらされているため、ピースキーパーの健康維持を担当する医務課の役割は重要である。これらのすべてがＰＫＯミッションにはなくてはならない基本的維持管理機能なのである。業務管理部門における総務系の職種は、国連機関からの出向者が多く加盟国政府からの出向者も少なくない。技術系あるいはロジスティックスに関わる職種は外部の技術者や専門家が多く直接採用されている。業務管理部門においても国連ボランティアの参加が多い。医務課の医師や看護師は国連ボランティアか軍事部門に付属する軍医があたっている。

◆国連平和維持活動の財政事情

国連ＰＫＯミッションにかかる費用は、国連憲章によってすべての加盟国がこれを負担することになっており、国連総会が平和維持活動のために特別に定めた分担率によって加盟国に振り分けられている。この分担率は加盟国ごとの経済力を考慮して決められ3年ごとに見直されるが、安全保障理事会の常任理事国は国際平和と安全の保持に対する責任上、特に多額の分担が求められている。2019年各国PKO予算分担率上位5位は、アメリカ27・89%、中国15・21%、日本8・56%、ドイツ6・09%、イギリス5・79%となっている。

しかし、1962年に国際司法裁判所が、平和維持活動にかかる費用は加盟国が払うべき国連組織の出費であることを認定・勧告し、安全保障理事会と総会で決議したにもかかわらず、1960年代以来PKO分担金支払いの延滞あるいは部分的支払いが多くなってPKOの財政は極めて緊迫している。1990年代に入って安全保障理事会は国連史上最多で最大規模のPKOミッションを送り出しているが、この分担金未払いによってPKOの財政は最も困難な状況となっている。


一方加盟国は、国連事務総長の要請にもとづいて平和維持活動に必要な兵員、車両、資機材、消耗品など軍事部門における人的・物的な提供を任意に行っている。これが日本でも論議の的となっているPKOへの軍事的支援である。各PKOミッションは、これにかかる運用費用を前もって定められた算定方法によって提供国に払い戻すことになっている。しかし多額なPKO分担金未払いによって、軍事的支援の提供国に対する払い戻しが不可能な状態になっている。

さらに、紛争地によっては前述のような加盟国のPKO分担金だけでは充分な活動ができないことから、国連や関連諸国が中心となってミッションごとに支援国会議を開催し、特別追加資金の拠出を求める。これによって確保された資金は、分担金による予算とは別口座の信託基金に振り込まれ国連によって管理されている。イラク・クウェイト紛争や東ティモール暫定行政機構に対する支援など、この特別資金の拠出においても日本は、それぞれのミッションにおいて主要ドナーである。

◆日本の戦略的支援政策の必要性

国連平和維持活動だけでなく国連支援全般における日本の貢献について、「日本の顔が見える貢献」ということがよく言われている。これは最近開発ジャーナリストの間で言われる、日本は多額の援助をしているにもかかわらず、誰がどこで何をどれだけ貢献したのかということが、日本国民にも受益国の人達にもはっきりと見えていないという批判である。日本人はもともと「いいことは黙ってやればいい」という国民性で、「俺が、俺が」と言わないことが美徳とされているのであるが、援助協力の世界では通用しない。この批判を受けて、国際協力機構（ＪＩＣＡ）も日本のＯＤＡ（政府開発援助）プロジェクトや支援資機材に表示や国旗をつけるようになって、日本の援助に対してもある程度の認識は得られるようになったが、限られた援助額で最大の効果を挙げるための総合的援助政策の徹底的な研究はなされておらず、ＯＤＡ予算をもてあまし、気前よくばら撒いているという感は未だ拭えない。

実際のところ、援助の効果という意味での本質は別なところにあるように思う。そもそも世界平和のためとか、ただ受益国の経済発展のためとか、人類の貧困や飢餓の撲滅というのは援助政策上の理念であって、純粋にそれだけを実践する援助国などはないに等しい。どの国でも自国の援助政策にもとづき、具体的に経済、外交、安全保障などにおいて援助の効果がどれだけあるのかという計算のうえに立って行われているのであり、そのうえで金も人も物も出しているのである。問題はその計算がどれだけ整合性を持って緻密に行われているかということであり、実効性があったかということである。政策を実現しようとすれば金がいる。金を出すからには人も出さなければ思いどおりには使われない。人を出せば物もいるのである。これらはすべて一連のものであって、このことは援助の世界に限らず日本の企業経営においても常識である。平和維持活動支援では、日本は軍事的支援ができないかわりに莫大な財政支援をせざるを得ないのであるから、財政的支援には必ず政策的影響力を持った人も出さなくてはならない。この政策的影響力を持った人というのは単なる個人ではなく、国連と日本政府の了解によって政治的に選ばれた人（Political Appointee）であるから、国連の中立性と公正さの中にあって国連の活動が日本の政策に沿って展開し、当該地域の外交政策に合致させるという原義的使命がある。その意味で日本政府としては、まず有能な人を国連に送り込み、その人に対して充分な金をつけることによって最大限の能力を発揮できるようにし、国連活動における顕著な実績を挙げることでその人が日本人として高い評価を受けるだけでなく、結果的に国連が日本の財政支援を実質的に評価することになるのである。とはいえ、慣れない国際機関に一人で乗りこんで担当部局をすぐに思いどおりに切りまわすのは日本人でなくとも簡単なことではない。今までにも、日本政府から国連各機関に送り込まれた上級職員は相当数いると見られるが、多くの場合、初めての経験である日常の事務処理に追われるか東京に向かって情報を流すのが精一杯で、国連内部での議論を盛んにし縦と横のコンセンサスを作りながら積極的に国連の政策にまで関与できる人は数が少ない。特に日本の役所では、営利を目的とした大企業でさえも、組織が優秀であればあるほど、上になればなるほど「決済」だけをして自分で考えて自分で説得し自分で動かすということをしないので、国際機関における独り舞台での活躍には不向きである。これは日本的管理習慣で、悪いとは言わないが一朝一夕に変わることはないので、現状では国際機関の組織運営に熟知した人、舞台裏での交渉と根回しを得意とする人、自分の企画を説得力のある形に組み立てる人などをチームにして連れて行くことである。課長クラスなら少なくとも1人、部長クラスで2〜3人、事務次長・事務総長補なら4〜5人の必要スタッフを確保しなければならないと考えるべきで、自分の思いどおりの仕事をしようと思えば、どこの国でも現実にやっている当然の手法である。さらに政策を企画どおりに動かすには横の連繋が必要で、人事、財務、行政などの部署にそれぞれ影響力のある人を効果的に配置できれば万全である。

戦略的支援という意味では、オーストラリアの東ティモール政策などは最も分かりやすい例といえるであろう。オーストラリアにとって東ティモールはインドネシア、パプア・ニューギニアと並んで最も近い外国である。今のところ政治的な重要性はあまり認められないにせよ、安全保障上と経済上の深い関わりがある。これによって、オーストラリアはPKO分担率2％程度に加え信託基金に536万ドル拠出、国連平和維持軍におよそ1600人の兵士を送っているだけでなく、現地人を除くシビリアン・スタッフ888人のうち88人がオーストラリア人で占められ、政府からの出向者をはじめ暫定行政府の政策実施分野に多くのオーストラリア人が効果的に配置されている。参考までに2000年当時日本は、PKO分担率20％、信託基金には合計2510万ドルを拠出しているのに対し、シビリアン・スタッフは最高時でも13人である（UNTAET〈国連東ティモール暫定行政機構〉改編後に日本人特別代表が任命された）。現在の東ティモールでは言語も通貨も電気製品の規格などをとっても三つ巴の混乱状態であるが、これらがどこに落ち着くかはオーストラリアにとって重要な問題である。事実上、東ティモールの経済は現在も統治時代のインドネシアの制度にもとづいている。しかし現実には、2000－2001年度の東ティモールに対するUNTAETの年間予算約5億7500万ドルは、復興、通信、流通、スーパーマーケット、ホテル、レストランなどを通してほとんどオーストラリアのビジネスによって吸収され、オーストラリアのPKO拠出金の何十倍もの額がすでに回収済みであるといっても過言ではない。国連平和維持軍は東ティモールの独立後も数年は駐留せざるを得ないと見られているが、西ティモールからインドネシアの武力並びに経済的侵入がないことはオーストラリアの直接利益であるから、オーストラリアPKFは最後まで残るであろう。オーストラリアの東ティモール支援は軍官民一体となった極めて実利的な支援政策の実践である。

最後に、日本は、依然として金は出すけれど口は出さないという気前のいいお大尽で、国連にとっては有り難い主要ドナーであると言わざるを得ない。時に主義主張を突きつけることはあっても、それが通らない場合に日本政府が対抗措置として拠出を減らしたり止めたりすることはない。できないことはないらしいが、財政と政策と人事が別々に動かされている日本政府内の縦割り機構と単年度予算制度によってやりにくいのである。これは国連機関や被援助国の間でもよく知られていることで、援助外交上いつも足元を見られることになっている。国連中心主義を標榜する日本としては、国連の政策を尊重追従するだけにとどまらず、ここで国連の政策策定にも関わり日本の政策に沿った政策決定に影響力を及ぼしていく時期ではないか。そのためには、日本の国連外交政策の根本的見直しと徹底した効果的援助の手法を研究し、援助を通じて地域経済、安全保障、対日外交などについてもっと戦略的な政策の展開が必要である。

以下、秋野豊政務官ほか監視チーム襲撃事件の詳報、国連平和維持活動と民政部、私の着任の経緯、タジキスタン内戦の背景、国連ピースキーパー達の人間模様と危機対応エピソードなどを紹介していく。そして最後に、国連平和維持活動を目指す人達の参考までに進路の手引きを添えた。

II　国連監視チーム襲撃事件――秋野豊政務官の死

◆1998年7月20日、日本人政務官秋野豊氏を含む国連監視チーム4人が銃撃を受け死亡
◆実行犯UTO兵士3人逮捕、死刑判決
◆国連監視チーム襲撃の前兆
◆他の援助機関は、UNMOTがなければ人道支援も復興支援もないことを知れ
◆銃撃犯人の死刑は執行されたのか
◆1999年UNMOT追悼慰霊式
◆元UTO副総司令官ガルム市長セレジョディン・ダブラトフ

◆1998年7月20日、日本人政務官秋野豊氏を含む国連監視チーム4人が銃撃を受け死亡

国連タジキスタン監視団（UNMOT）秋野豊政務官（当時48歳）は、ロシアをはじめスラブ研究を専門としていた新進気鋭の国際政治学者である。UNMOTに参加するまでは、旧ソ連邦の中央アジアやコーカサス地域にとりわけ深い関心を持って現場中心の研究に専念していたという。筑波大学国際関係学類助教授であった秋野氏が、外務省から請われUNMOT政務官としてタジキスタンに赴任したのは1998年4月のことである。着任からおよそ2カ月後の6月半ば秋野政務官は、タジキスタンの首都ドゥシャンベから東へ約200㎞のところにあるタジク反政府連合（UTO）の活動拠点カラテギン渓谷のガルム監視事務所の配属となった。カラテギン渓谷は、パミール高原にあって周囲は数千メートルを超える急峻な岩山に囲まれた自然の要塞である。この時期のガルム監視事務所の任務は、停戦違反攻撃の調査だけでなく和平協定の実施状況を監視することである。そのためにはカラテギン渓谷に拠点を構える軍閥の野戦司令官達と密接な関係を確立することが重要であり、かつ必要な情報の交換を行うことである。

タジキスタンは、1991年ソ連制度の崩壊とともに独立して翌1992年から内戦となっ

た。これにより10万人以上の死者を出し、総人口約６００万人のうち60万〜70万人が国内避難を余儀なくされ、10万人が難民となって近隣諸国に逃れたといわれている。１９９４年の一時停戦協定によって国連停戦監視団が導入され、１９９７年６月、現政権とタジク反政府連合（ＵＴＯ）との間にようやく和平に関する一般協定が成立した。この和平協定で、ＵＴＯは戦闘組織を解体しＵＴＯ戦闘員を政府軍に組み入れることに合意、一方現政権は、政府の国防・行政に関する主要ポストの30％をＵＴＯに対し割り当てることに合意したのである。さらに、この協定は現行憲法を改正し公正な選挙を実施し、民主的で自由な政治活動を保証しようとするものである。しかしＵＴＯ戦闘組織の解体過程は困難を極め、和平交渉は度重なる双方の停戦違反のため一進一退を繰り返し、協定で合意した和平実施の時間的枠組みはないに等しくなった。このような状況の中で１９９８年７月20日、ＵＴＯの本拠地であるカラテギン渓谷でこの国連監視チーム襲撃事件が起きた。

７月20日朝９時35分、秋野豊政務官は同僚の軍事監視官リシャルト・シェフチェック少佐（ポーランド、50歳）、アドルフォ・シャルペギー少佐（ウルグアイ、38歳）とジュラジョン・マフラモフ通訳（タジキスタン、47歳）の４人でランドクルーザーに乗り込み反政府勢力支配地域のパトロールに出る。カラテギン渓谷のコムソモロバドから分かれて、隣接する自治州のホログに行く道路（Ｍ41）の分岐点ラビ・ジャーを通り、12時にブルーレイクでタビルダラ地区を統括する反政府勢力の有力者ミルゾ・ジオエフ地域総司令官に会い、不法道路検問所撤去の話し合いをした。午後1時15分にブルーレイクを出て2時30分から3時の間にラビ・ジャー分岐点の南3㎞付近まで戻ったところ、大きくカーブした崖道で武装兵士が待ち伏せていた。4人は停止命令を受け車から出たところをカラシニコフ自動小銃で銃撃され全員死亡。犯人の武装兵士達はパトロール車から現金や無線機器などを奪ったうえ、死体と車をばらばらに断崖下に突き落とし逃走。言うまでもなく国連監視団は武器を携行していないので、無抵抗のまま銃撃を受けたことになる。

その日ガルム・チームの当直官は、日が暮れてもパトロール隊が戻らないのでドゥシャンベのUNMOT本部に通報。本部はガルム・チームの近くにあるタジカバド・チームに捜索を指示。タジカバド・チームでは翌7月21日、日の出とともに二台のパトロール車が二手に分かれて捜索を開始した。UTO側の情報によって午前9時過ぎ、ラビ・ジャー付近でおよそ150m下の谷底に転落しているUNMOT車を発見し、本部に通報。UNMOT本部からの捜査隊が到着したのは昼12時頃である。この時、UTOの有力者ミルゾ・ジオエフ地域総司令官とコムソモロバド地区を統括するUTO内でも一匹狼の無法者として知られるムロ・アブドゥロ野戦司令官の二人がすでに現場に来ていた。発見者のネパール人軍事監視官アショク少佐は崖下に下りた時に、転落したUNMOT車の近くでジオエフ総司令官がアブドゥロ野戦司

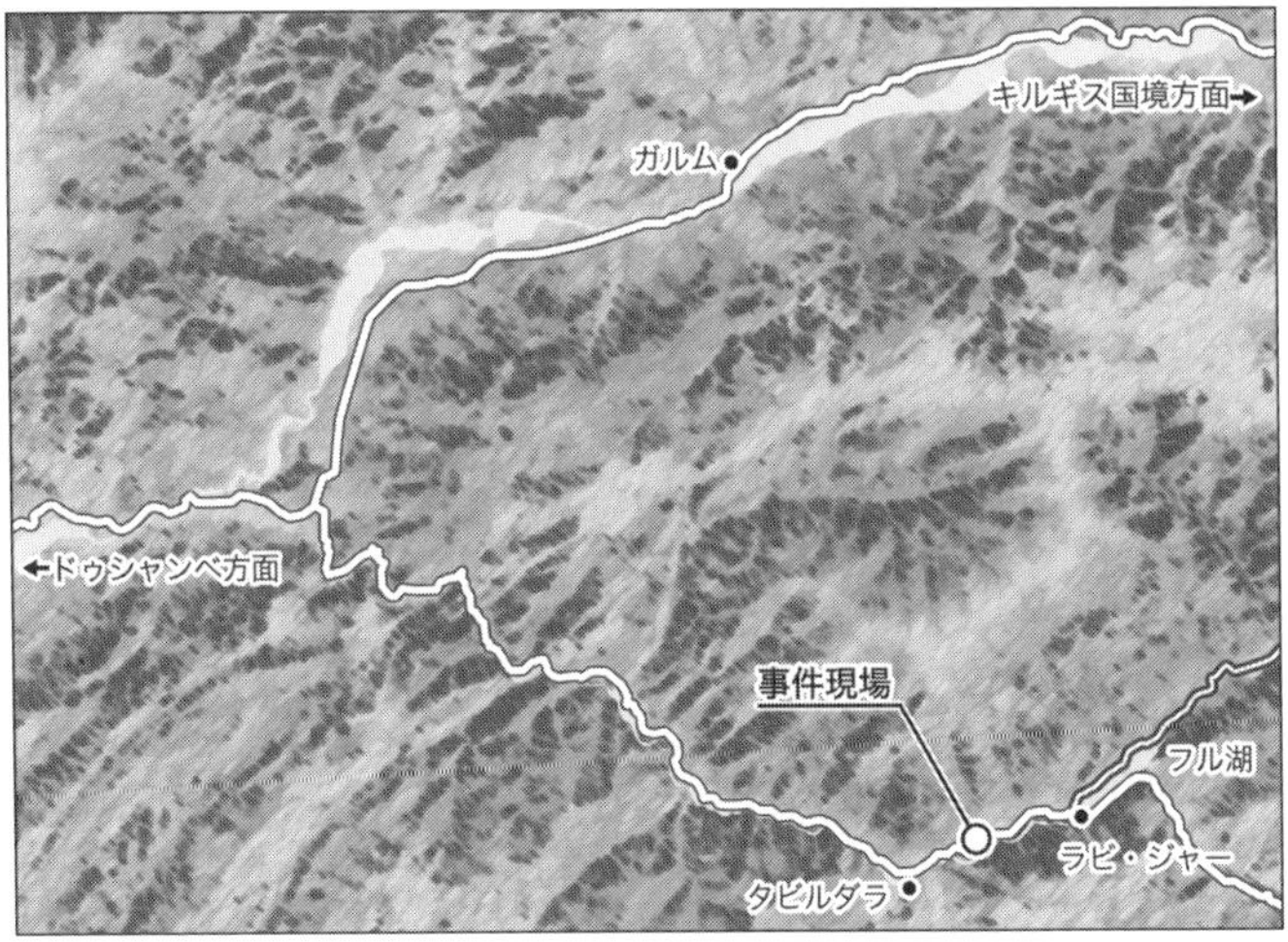

カラテギン渓谷ガルム周辺地図

事件現場付近写真

令官を怒鳴りつけているのを目撃している。秋野氏の遺体は崖半ば近くの潅木で止まっており、他の2人の軍事監視官は崖下近くまで、タジク人通訳は谷底までとどいていたが、4人とも100m以上におよぶ転落のため遺体の損傷はかなり激しかったようである。UNMOT捜査隊は惨状を見かね政府当局の到着を待たずに、遺体の回収を開始した。ほとんど垂直に近い急峻な崖で充分な装備もなく遺体の回収作業は困難を極めたという。当時捜査隊に加わったポーランド人の文民警察官クフニック警部は回収の模様を図解して詳しく説明してくれ、彼自身が一部始終をビデオに収めUNMOTに提出したことを教えてくれた。彼は、自分は警察官だから事故現場や殺人現場は見慣れているが、この時は同僚の無残な殺害現場をビデオに撮りながら涙が流れて仕方なかったと、あらためて目を潤ませながら話していた。

また被害車両の回収にあたった業務管理部マーティン・ピース運輸課長は、たまたまUNMOTのカフェテリアで私と昼食に同席したとき、回収の模様を詳しく話してくれた。現地には車を引き上げるほどの機械設備がないので転落したパトロール車はUNMOTのヘリで引き上げられたのだが、とにかく150mに及ぶ転落のため跡形もなくつぶれており、エンジンは飛び出していて最後まで見つからなかったという。彼も17年以上車両に関わる仕事をしてきたが、これほどまで無残につぶれた車は見たことがないと言っていた。この事故車両はまだUNMOTのコンテナに入れて保管されているというので、ぜひ見せてくれと言うと、こころよくコンテナ置き場まで連れていってくれた。見ると鉄製の車がよくここまでつぶれるものかと思うほどぐちゃぐちゃになっており、まるで手で丸めた紙屑のように形をとどめていない。また、言われてよく見ると、ドアの部分に銃弾の貫通痕が確認できた。

遺体は回収後すぐにUNMOTのヘリコプターでドゥシャンベに搬送され検分を受けた。その後、それぞれ棺におさめられ国連旗に包まれて、7月24日UNMOT本部正面広場において行われた告別式で、ヤン・クビシュ国連事務総長特別代表から国連平和勲章の授与を受けた。その後ブルーの国連旗で包まれた棺はUNMOTの同僚全員に見送られて無言のままドゥシャンベ空港から国連機でそれぞれの遺族が待つ故国へ向かっていった。この告別式の模様はUNMOTのビデオチームが記録しており、わざわざ私をビデオ編集室に呼んで全部を再生して見せてくれた。告別式の最後の葬送ラッパが私の心の奥まで響き、一人でビデオを見ながら涙をこらえることができなかった。

◆実行犯UTO兵士3人逮捕、死刑判決

1998年9月1日、タジキスタン検察当局は、UTOムロ・アブドゥロ野戦司令官の部下で主犯ミルゾ・ムッディン、共謀者ドブドフ・サイドラフマンおよびダルベショフ・ヨクブの

3人を容疑者として特定し、UTOの有力者ミルゾ・ジオエフ地域総司令官に拘束を依頼した。容疑者は翌2日に検察尋問のためドゥシャンベに移送され、共謀者2人はその日のうちに犯行を自供しビデオに収められ、主犯のミルゾ・ムッディンも9月3日には自白、証拠としてビデオに収録された。翌年1999年2月5日、検察の取り調べは終了し、8日に最高裁判所に起訴された。

この間、国連も専門家による捜査団を派遣したが、度重なる国連側の参加要請にもかかわらず政府当局は、国連捜査団に対し容疑者の自白ビデオコピー3本を提出しただけで、政府当局側の捜査に国連が関わることを認めなかった。この政府当局の捜査についてUNMOTの法務官や文民警察官等の専門家は、証拠は自白ビデオと付近住民の目撃証言だけであること、自白ビデオからも判るように主犯のミルゾ・ムッディンは明らかに拷問を受けていること、捜査手続きも不完全で科学的客観的裏付けがなされていないことなどを挙げて、政府当局による犯人特定の不備を指摘している。事実、UTOの主要メンバーであるニゾーモフ・ミルゾフージャ参謀長が、9月17日拘留中の容疑者に面会したところ、彼等は自供が拷問と強要によるものであることを訴えていたという。

1999年3月26日、タジキスタン最高裁判所は2カ月足らずの審理の結果、犯行を否認した主犯ミルゾ・ムッディンを含め容疑者3人全員を有罪と認め死刑を宣告した。判決における容疑事実は、現政府の国際的威信をおとしめ転覆を謀るためにUNMOT要員の殺害を企てたムロ・アブドゥロ野戦司令官の命令で、1998年7月20日主犯ミルゾ・ムッディンが二人の共謀者とともに、パトロール中のUNMOT要員をラビ・ジャー付近で待ち伏せ、通りかかったUNMOT車を停止させ、車から出た4人を銃撃し殺害、現金や通信機器などを奪ったうえ、車と死体を崖下に突き落として逃走した、というものである。

この判決は拷問による自白や捜査手続きの不備などからして真実を解明したかどうかわからない。判決後カラテギン地域内を移動中のある国際NGO（民間活動団体）のスタッフが所属不明の一団に一時拘束された際、「UNMOT要員殺害は彼等の犯行ではない、実際にかかわったものが誰かを知っている」と言われたという報告もある。また、今後も表だって取り上げられることはないが、まったく根拠がないといって切り捨ててしまうことができないのが、UNMOT監視官が麻薬情報に深く関わりすぎてしまった可能性である。麻薬がタジキスタンの経済を闇で支えている重要な産品であることは周知の事実である。また、この事件の話をまとめている過程で、事件前にマフラモフ通訳は自分が死亡した場合の国連の補償について熱心に調べていた、という話もあった。したがって、あるいはこの判決は麻薬問題には一切触れられたくないUTOと政府の取引の産物かもしれない。だから政府当局は捜査段階で国連が関わってくるのを拒んだのだと考えられないこともない。また判決で、これほど明確に地元軍閥ムロ・アブドゥロ野戦司令官の命令による犯行と断定しているにもかかわらず、重武装している反政府勢力の一匹狼ムロ・アブドゥロには政府当局の捜査の手が及ばなかったのである。内戦のどさくさでしかありえないことである。

◆国連監視チーム襲撃の前兆

この事件については、UNMOTにも重大な責任の一部がある。それは4人の監視団員が殺害された事件の前に、充分その予兆があったにもかかわらずUNMOT上層部は注意を払わず、まったく対応しなかったことである。秋野政務官は7月15日の日例報告書で、カラテギンの野戦司令官達はUNMOTを敵視しており、地域内で活動するUNMOT要員の安全は保証できないとほのめかされたことを報告しており、また7月17日の軍事監視官シェフチェック少佐の報告では、UTOナババド集合地のシロジディン野戦司令官が「自分の部下250人の兵士はUNMOTの処遇と支給品に強い不満を持っており、もし彼等が明日UNMOT要員を殺そうとしても誰も止めることはできない」と言っているので、非常に危険な状態であると報告している。

さらに7月20日から遡ること40日前の6月11日にはガルムに隣接するタジカバド・チームの軍事監視官二人がパトロール中に覆面した所属不明の武装兵士の一団に拉致され、4時間にわたって監禁され暴行を受けている。暴行の理由は、UNMOTがスパイ活動をしているというものと、回教徒でない者が地域に立ち入るなということだったという。パトロールに出た二人の軍事監視官は、タビルダラのミルゾ・ジオエフ地域総司令官を訪ねたが不在のため引き返そうとした帰り道、ホイト村付近で所属不明の武装兵士の一団に地名もわからない場所に拉致され、4時間にわたって気を失うまで殴る蹴るの暴行を受け、意識が戻るとまた殴られるということを繰り返しやられたという。この場合もやはり、当直官は日暮れを過ぎてもパトロール隊が戻らないので、まさにドゥシャンベのUNMOT本部に通報しようとしていた矢先に血だらけの二人がUNMOTのパトロール車を運転して自力でチームサイトまでたどり着き、車のドアを開けて外に出たとたん気を失って崩れるように倒れ込んだという。こういう時のただひたすら帰らなければと思う人間の気力というものは計り知れないものがあるといわなければならない。すぐに応急処置をし、同時にUNMOT本部に通報。医療処置のためUNMOTヘリコプターの緊急出動を要請したが、夜間の飛行はできないということで搬送は翌日の朝になった。ドゥシャンベで診察の結果、顔は殴られたことによって形が確認できないほどの打撲と肋骨の骨折が確認され入院した。彼等は退院後もUNMOT本部での任務を続けていたが、暴行による精神的なダメージがひどく、一人は本部屋上に設けられた仮設カフェテリアで毎日浴びるように酒ばかり飲んでいたという。

この時のＵＮＭＯＴの判断も理解しがたいものがある。それはまず、この事件の後、チームサイトの撤収もせず交代要員を送って監視活動を続けたこと、事件の犯行に対する徹底的な調査の要求もせず、結局、監禁暴行を行った背景も犯人も分からないまま政府やＵＴＯの責任の所在などがうやむやになっていること、それだけでなく肉体的、精神的に極端なダメージを受けた二人の軍事監視官を帰国治療させることもなくドゥシャンベで任務を継続させたことである。この件についてＵＮＭＯＴの軍事部総責任者であるデンマーク人のフヴィデガード准将に聞いたところ、当時のことは自分の着任前でよく分からないが、一般論として問題が次のことに関わっている場合、国連は表だった介入をしないのだという見解を示した。すなわち、軍事監視官だけでなく国連職員が麻薬の取引、外貨や免税品の横流しなどの不法行為あるいは女性問題に関わった場合、国連は政府に対し積極的に職員の保護と責任の追及ができないという。私も国連勤務が長いのでこれくらいのことは知っている。このケースは、いずれかに当てはまっていたと言いたいのだろうか。

いずれにせよ秋野氏等の報告は、明らかに不穏な動きの前兆である。早い時点でそれらの兆候に対しＵＮＭＯＴ幹部が充分な配慮をし、適切な分析を行って、迅速な判断で行動していれば４人の監視団員の殺害という最悪の事態は避けられたかもしれないのである。

◆他の援助機関は、UNMOTがなければ人道支援も復興支援もないことを知れ

さらに言えば、４人の監視団員の死はUTO側のUNMOTに対する逆恨みによって引き起こされたという側面がある。UNMOTは要求するばかりで何もしてくれないから殺すというのが、カラテギン渓谷の山奥で反政府活動をしているUTO野戦司令官達の論理である。つまりこの事件が起こった背景には、UNMOTという国連の活動に対する関係者全体の認識の誤りがある。特に国連制度内部にある排他的な分割主義がその誤りを増長しているのである。すなわちUNMOTには、タジキスタンにおける和平活動の推進監視という重要な使命が国連事務総長から与えられている。現政権とUTOの両者ができるだけ対等に公平に交渉を進めるために、UNMOTにはそれぞれに対し中立的立場からさまざまな提言や勧告をする権限が与えられている。UNMOTの平和維持と和平調停のもとで暫定的な安定があるからこそ他の国連機関やNGOが復興支援や人道援助をすることが可能になるのである。

これに対しUTO野戦司令官達の一部には、国連の中で国連世界食糧計画（UNWFP）は黙っていても食糧を提供しているし、国連難民高等弁務官事務所（UNHCR）は難民援助、

国連開発計画（ＵＮＤＰ）は復興開発等の支援をしているのに、ＵＮＭＯＴだけは要求するばかりで何も支援はしない、という不満が以前からあった。しかし、これは明らかに認識不足というか無知による誤解である。ＵＮＭＯＴ事務総長特別代表（ＳＲＳＧ）はこの国における国連活動を総括する権限を持つ総責任者であり、ＵＮＭＯＴの和平促進という任務がタジキスタンにおける国連活動全体の頂点にある、ということがまったく認識されていないのである。このことは、国連各機関がそれぞれいかにも独自に活動しているかのような立場をとっているために、あるいは各機関の功名争いの結果、政府やＵＴＯ関係者に誤った認識を持たせる結果になっているのである。その意味で秋野政務官やシェフチェック軍事監視官が報告しているようなＵＴＯのＵＮＭＯＴに対する不満にはまったく根拠がなく、ＵＮＭＯＴの役割を、文句を言えば何でも上から解決してくれるような崩壊前のソビエト中央政府と取り違えているふしがある。和平協定にもとづくＵＴＯ戦闘員集合地の生活環境問題や支給品の質の問題に対する不満や苦情も、本来は紛争当事者である現政権やＵＴＯ自身の問題である。それを、ＵＮＭＯＴは要求するばかりで何もしてくれないから殺してやるというのは逆恨み以外の何物でもないであろう。

また、現地で活動している他の国連機関も前述のようなＵＴＯの不満に対し、それはＵＮＭＯＴの問題です、我々は要求も差別もすることなく貴方がたのために活動していますという態度では、結果的にUTOの逆恨みや憎しみがUNMOTに集中するだけで、情報収集を含むUNMOTの和平調停監視活動はますます困難になるのである。そのためにUNMOT監視団は4人の犠牲者を出し、その結果、特別代表は首都ドゥシャンベ以外のすべての国連活動を停止させなければならなかったのである。しかし特別代表が人道的配慮から事件の一年後にカラテギンで国連支援活動を再開した際、人道支援を行っているある国連機関のプロジェクト・マネージャーが、我々はUTOに感謝されているからカラテギンに行っても狙われることはないが、UNMOTは現地で受け入れられていないからまだ危険だなどと平然と言っているのは、あまりにも問題の本質を理解していないうえの呑気な発言である。

なぜタジキスタンのために、対立する両勢力の和解のために不眠の調停活動をするUNMOTの団員が、殺されるほど憎まれなければならないのか、理由はない。そして現地で活動する国連機関は、なぜ勇気を持ってUTOの誤解を指摘しないのか。二度と同じ不幸な出来事を繰り返さないためには、和平がなければ経済社会支援もないという原則の確立がきわめて重要である。タジキスタンにおける国連活動がすべてUNMOTの和平の促進と人道問題支援という基本的な使命によって行われているのであって、和平調停が一般的な経済社会支援と並行して進められているのではないことを、ましてや経済社会支援が和平に先行することなどありえないことを、すべての関係者がはっきりと認識する必要がある。

◆銃撃犯人の死刑は執行されたのか

1999年3月26日のタジキスタン最高裁判所の判決に対し、コフィ・アナン国連事務総長(当時)は、極刑には反対の立場を取る国連の基本原則から、ラフマノフ大統領に書簡を送り減刑の要請をした。しかし6月半ばに3人の死刑囚はすでに処刑されたようだという情報が入り、あっちこっちに聞きまわってみた。UNMOTの報道分析室では政府からの発表は出ていないが、通常死刑の場合公式発表があるので、処刑はされていないだろうという判断であった。また、クビシュ特別代表が大統領に事務総長の減刑要請書簡を手渡したとき大統領が、減刑は難しいがすぐに処刑することはないので2〜3年かけてやってみるという返事をしていたことからも、処刑はありえないだろうということになった。一応当時のサクセナUNMOT民政部長代行が政府法務大臣と最高裁長官に死刑執行の確認をしたところ、何も聞いていないということでニューヨーク本部にもその旨報告し、一件落着したかに見えた。ところが7月9日、タシケントの日本大使館が、7月1日付タジキスタン外務省からの口上書で3人の処刑を確認したと言ってきたのだ。その後、サクセナ代行は法務大臣や最高裁長官との協議の際あらためて死刑が執行されたかどうかについて確認したが、両者ともはっきりと3人の死刑囚は処刑されておらず、服役中で生存していると断言したという。不可思議である。

◆1999年UNMOT追悼慰霊式

カラテギンにおいて国連監視団員殺害事件の起きた1998年7月20日は、UNMOTにとって決して忘れることのできない日である。事件直後に着任したヤン・クビシュ国連事務総長特別代表は、任期満了前に欧州安全保障協力機構（OSCE）の事務総長となって離任したが、その直前に犠牲者の家族に対しそれぞれの母国語で追悼文を送った。日本語訳については私が担当したが、直訳にこだわらずできるだけ自然で心のこもった文章にするようにというクビシュ代表の指示を生かすのは大変であった。またラビ・ジャー付近の事件現場に何とかして慰霊碑を設置しようと同僚達が話し合って、一周忌を待たず数カ月前には御影石の石碑が出来上がっていた。

しかし、この地域は私の赴任後もUNMOTが最も危険な地域に指定しており、一年を経ても現場に近づくことさえも許されない地区である。UNMOTは一周忌を機にぜひ慰霊碑の設置を実現しようと政府関係省庁にも働きかけたが、政府外務省からカラテギン渓谷地域はまだ政府の完全管理下になく、UNMOT関係者の安全の保証はできかねるので現場への接近は遠慮してほしい旨連絡を受け、中止せざるを得なかった。当初UNMOTは、7月20日の一周忌は午前中ヘリで少数のUNMOT関係者と報道関係者がラビ・ジャーへ行き殺害現場に慰霊碑を設置してからドゥシャンベに戻り、本部で全体の慰霊式を行う予定でいた。しかし政府の要請を受けて、前日になってラビ・ジャー行きは急遽中止、ドゥシャンベ本部での追悼慰霊式だけが挙行された。

当日はタシケントの日本大使館をはじめ、ドゥシャンベ在留外交団や国際機関の代表、ヌリUTO代表やドスティエフ政府代表も列席し、まず犠牲者の属する宗教によってそれぞれカソリックと回教の導師による礼拝の後、秋野氏が無宗教だったこともあり日本人職員として私が追悼の言葉を述べることになった。紛争地で展開するすべての国連PKOでは家族の帯同を認めていないことから、PKO要員は全員単身赴任である。家族と離れ、単身で奮闘した4人の国連監視団員がタジキスタンの和平実現のため

UNMOT追悼慰霊式

に亡くなったことについて、私は監視団員の犠牲や家族の悲しみを紛争当事者に訴えたかった。続いて国連事務総長特別代表代行のパウロ・レンボウＵＮＤＰ常駐代表、ヌリ国家和解会議議長、ドスティエフ同副議長、サクセナＵＮＭＯＴ特別代表代行の挨拶の後、一分間の黙禱があり、最後にタジク室内オーケストラによる葬送の曲が演奏され閉会した。

以下は、慰霊式のとき霊前にささげた私の追悼の言葉であるが、これは私自身の言葉というよりもＵＮＭＯＴのスタッフすべての思いでもある。（原文英語）

タジキスタン共和国の平和のために亡くなられた秋野豊政務官、リシャルト・シェフチェック少佐、アドルフォ・シャルペギー少佐、ジュラジョン・マフラモフ通訳および以前に殉職された他の３人のＵＮＭＯＴ同僚各故人の皆様、ラビ・ジャーで起こったあの惨劇から既に一年が過ぎてしまいました。

タジキスタン和平推進のために最大の犠牲を払われたあなた方を称え、今日私達はあなた方への思いを新たにし、そしてあなた方に安らかに眠っていただくためにここに集いました。

1992年以来の内戦のために、5万人以上のタジク人が死亡し、10万人が難民となって近隣諸国に逃げのび、戦火のなかでタジク人口600万人のうち60万〜70万人がふるさとを棄てて避難せざるを得なくなったと言われています。

国連はこの国の要請によってこの国にやってきました。それによって、あなた方はタジキスタンの国連平和維持活動のためにここにやってきました。

あなたは愛する家族や親しい友人達を残し、たった一人でここにやってきました。あなたは、あくまで中立で正確な情報を収集するために日夜カラテギンの谷から谷へとパトロールを続け、休みなく働いていました。

あなたはこの国の平和のためにここにやってきました。しかし、この国の平和を見ずに亡くなってしまいました。そして、あなたはこの国の和平のために最大の犠牲を払われました。

あなたは私達にとってかけがえのないとても大切な同僚です。あなたの子供達は逞しい父親としてのあなたを、妻は最愛の夫としてのあなたを、そして私達は勇敢な仲間を失いました。

でも、いまではあなたの子供達は平和のために命をささげた父親を心から誇りに思っていると私は確信しています。そして、私達もあなたがここUNMOTで同じ使命を果たしていたことをとても誇りに思っています。

私達はあなたの勇気を称えます。崇高な精神を称えます。そして献身的な任務の遂行を称えます。しかしこの国に本当の平和が訪れるまであなたの尊い犠牲が報われることはありません。

私達はあなた方のことを決して忘れることはありません。あなた方の思い出は何時までも私達の心の中に生きています。

尊い犠牲を払われたUNMOT同僚の方々、どうか安らかに眠ってください。

1999年7月20日

登丸求己

※殉職の慰霊碑

現在、慰霊碑は事件現場、ガルム市役所敷地内とドゥシャンベ市内UNDP事務所の正面玄関横の3カ所に置かれている。

慰霊碑に刻まれたことば‥

国連タジキスタン監視団1994－2000

1998年7月20日　この国の和平につくして死す

◆元UTO副総司令官ガルム市長セレジョディン・ダブラトフ

一周忌を前に欧州安全保障協力機構事務総長となって離任したヤン・クビシュ前事務総長特別代表の後任として1999年10月に着任したブルガリアの外交官イボ・ペトロフ新事務総長特別代表が、私の担当しているUTO戦闘員兵役解除促進のための雇用増大と所得補償のプロジェクトを視察するため2000年4月初め、カラテギン渓谷のガルムを訪れた。これにはUNDP常駐代表、UNHCR事務所長、プロジェクト・マネージャー等とともに私も同行した。

1998年当時UTOガルム副総司令官だった現ガルム市長のセレジョディン・ダブラトフ

氏は、UNMOT監視団員殺害事件には心から遺憾の意を表し、特別代表がUNMOTの慰霊碑建設の話に触れると極めて協力的で、市庁舎の敷地内の土地（約30m×30m）を慰霊碑建設のために提供し、そこを「United Nations Park」と名づけることなどを提案した。これにより慰霊碑の建設地は人通りがほとんどない事件現場より、監視事務所がありチームが生活していたガルム市内に置かれることになりそうである。UNMOTはすでに黒御影石で慰霊碑を作っており、現在進行中の雇用促進プロジェクトで公園整備をすることなどを考えている。

ダブラトフ市長は視察途中歩きながら私に話しかけてきて、故秋野豊UNMOT政務官の思い出話をしてくれた。彼自身も柔道をやるスポーツマンだが、生前秋野氏の国連チームとダブラトフ氏のガルム・チームがバレーボールの試合をやったときのこと。柔道家でもある秋野氏が、次にガルム・チームが勝ったら柔道用の畳を贈呈すると言っていたのに再び試合をすることはなかった、と言って目を潤ませていた。このダブラトフ市長はガルムの子供達のスポーツ振興にはとても力を入れている人なので、今後さらに日本・タジキスタン関係が進展したときのために心にとどめておいてもらいたいと思い、私の離任にあたりタシケントにある日本大使館を訪問し中山恭子大使に挨拶方々お願いした。

ところが私のタジキスタン離任後2カ月もしない6月半ば、ダブラトフ市長殺害のニュースを聞いて愕然とした。ウズベキスタンの反政府テロリストで、1999年日本人JICA専門家人質事件を起こしたジュマボイ・ナマンガニのガルム通過を知ったダブラトフ市長は毅然としてこれを拒否した。数日後、市長が息子二人と友人を乗せ車で移動中、カラテギンでナマンガニと最も親しいといわれているコムソモロバドのムロ・アブドゥロ野戦司令官の一味によって殺害されたという。ダブラトフ市長は、奇しくもUNMOT要員殺害を命じた張本人ムロ・アブドゥロによって、UNMOT銃撃事件の現場となった同じラビ・ジャー付近で待ち伏せを受け、銃撃されたのだという。

長い間、国連開発計画（UNDP）で経済社会開発を専門としてきた私がUNMOT民政官として着任したのは、これまで政務官を中心として進められてきた和平調停過程に経済社会的手法を導入強化することがねらいであった。UNMOT監視チーム襲撃事件によって国連はカラテギン地域におけるすべての活動を停止し、すべての地方監視事務所を閉鎖し、首都ドゥシャンベからのみ監視活動を行うこととした。私が着任した時には、事件後遅々として進まない和平協定の実行状況の中で、UTOの戦闘組織の解体には両者間の政治的な交渉だけでは無理と判断され、雇用促進や職業訓練などの経済社会的なアプローチを取り入れて戦闘員の武装解除を促し市民社会への復帰を促進しようとしているところであった。

Ⅲ　国連タジキスタン監視団（UNMOT）：民政部／民政官

◆ＵＮＭＯＴ民政部
◆民政部地方監視事務所の総括担当
◆元ＵＴＯ戦闘員雇用促進プロジェクト
◆選挙監視――大統領選挙

◆ＵＮＭＯＴ民政部

ＵＮＭＯＴの仕事というのは、基本的に軍事部を中心とした停戦監視と民政部の情報活動にもとづいた国連特別代表の和平斡旋であり、さらに和平構造を堅固なものにするための支柱作りにあたる民主憲法の制定、自由な政治活動の保証と公正選挙の実施などによる民主化支援も民政部の重要な任務である。民政部スタッフの職名はすべて民政官であるが、担当部門によって政務官、法務官、広報官、人道問題担当官（経済社会問題担当官）、選挙監視担当官などと呼ばれ、特に現地事務所配置になるとすべて民政官なのである。民政部の構成は政務官４名、選挙監視担当官3名、人道問題（経済社会問題）担当官1名、法務官1名、広報官1名、監視事務所民政官8名に加え、タジク人スタッフだけで構成されている報道分析班がある。また、UNMOTでは文民警察官2名が民政部の配置となっている。

UNMOT民政官の一日は、毎日朝8時45分の定例ブリーフィングから始まる。進行は軍事部の当直官が行い、まず軍事情報官による前日24時間の停戦監視に関わる軍事情勢動向報告、次に民政部の政務官が停戦調停に関わる国内外の政治、経済、社会情勢動向報告、続いて業務関係の報告の後、警備主任から抗争、騒乱、テロ、犯罪、事故など治安情勢に関する説明があり必要に応じて注意が喚起される。最後に特別代表が前日の調停活動の進捗状況や今後の見通し、ニューヨーク本部の動きなどについて解説して終わる。ブリーフィングは10分ほどで終わる時もあれば、特に和平進展で

UNMOTの組織

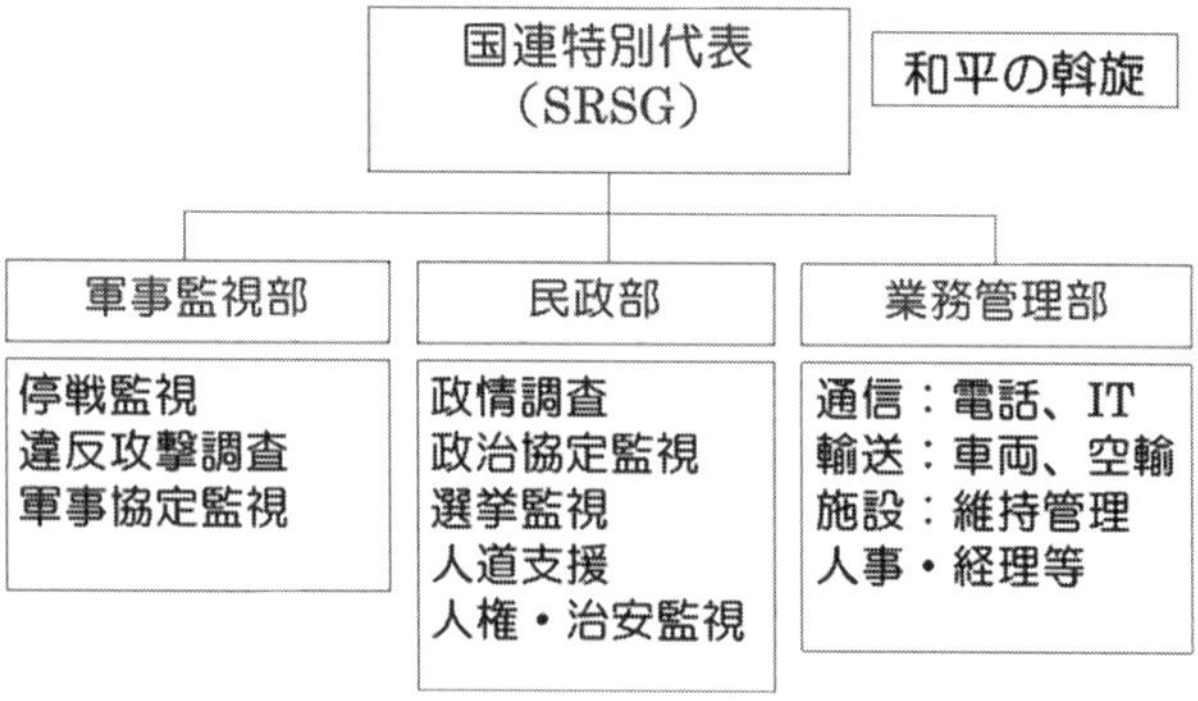

繊細な問題があったときには民政官からの質問や議論が噴出し30分以上にわたることもある。朝のブリーフィングが終わると民政部員は屋上のカフェテリアに行きゆっくりコーヒーを飲みながら情報交換や政情分析などに時間をかけるので他のスタッフからはあまりよく思われていない。それからオフィスに戻り入手資料に目を通し報告書を作成したり、あるいはそれぞれの担当の役所や機関を訪ね情報活動を開始する。

政務官の主要任務は任地における政治社会動向に関わる情報の収集と分析である。これはある意味で報道記者の仕事と共通するところがあるが、国連という看板によって情報源に接近しやすいところが大きな違いである。政務官は、一方で国際大手のメディアによって報道された情報をインターネットでくまなくあたり、一般

朝のブリーフィング　イボ・ペトロフ特別代表

的な動向を掴む。しかし政務官の真骨頂が問われるのは、自分自身で築き上げる自分の情報ネットワークである。ドゥシャンベの本部で言えば、大統領府、内務省、公安省、反政府連合（UTO）、国家和解評議会（CNR）分科会、駐在ジャーナリストなどに接近し独自の人脈を作ることから始まる。現地事務所勤務では州知事、市長、軍や警察などの治安関係者、政党幹部、地域団体幹部、UTO野戦司令官、部落長老、地方メディア、NGOなどである。世間話でもいいし、飲食をともにするのもいい、ともかく機会あるごとに話をし意見交換をすることで信頼関係を築くのである。どれだけ多くの情報源を持っているかが政務官の命である。そしてこの政府やUTOの公式発表はすべてこの人脈を通し背景を聞き、裏を取る。そのうち公式発表しないことでも流れてくるようになるし、少しの情報でも全体の動きが手に取るように分かるようになるのである。

政務官は、自分が掴んだ事実と自分独自の分析ははっきりと報告するが、あまり自分で開拓した情報源は教えたがらないので、転勤にともなう引き継ぎでも基本的なことしか伝えない。前任者と同レベルの情報が取れるかどうかは後任者の能力と努力次第なのである。この他本部勤務の政務官には、ニューヨーク国連本部の平和維持活動局に対して特別代表が毎日送る報告のドラフトを書くという仕事がある。毎日送るのが日報（Daily Situation Report）で「DAILY SITREP」と呼ばれている。SITREPにはその日の政治、軍事、人権、人道、治安、業務などの動向について主だった出来事を伝え、現場の見解と分析を加えるのである。「WEEKLY」と「MONTHLY」は「DAILY」の集成版なのでそれほどの神経は使わないが、「DAILY」は毎日数時間という限られた時間で、過去24時間内に起こった出来事の把握・選択・確認・分析などを行うので集中力を要しストレスのある仕事である。その点、法務、選挙など他の担当官は責任分野が特化しており情報の収集分析よりも法制度の構築、法文案の作成や検定、民主選挙制度の導入実施や監視活動といった実体のある仕事で、やり易いといえばやり易い仕事であるといえる。人道（経済社会）問題担当官の責任範囲は広範であるが、難民、食料、医療、復興開発など支援活動の直接実施運営はそれぞれに国連の人道問題関連機関や国際ＮＧＯが関わっているので、ＵＮＭＯＴの役割としてはむしろ和平の進展に絡む政策的な方針の確定と各機関の活動調整が主要な任務となっている。

ＵＮＭＯＴの政策決定と国連機関活動調整の重要さを思い知らされるのが、１９９８年７月に起こった「ＵＮＭＯＴ監視チーム襲撃事件」である。ＵＮＭＯＴは要求するばかりで何もしてくれないから殺すというのが、カラテギン渓谷の山奥で反政府活動をしているＵＴＯの野戦司令官達の論理である。ＵＮＭＯＴはタジキスタンにおける和平の推進監視という重要な役割をもって現政権とＵＴＯの両者ができるだけ対等に公平に交渉を進めるために、それぞれに対し中立的立場からさまざまな提言や勧告をすることが任務である。一方、和平実施を側方支援する人道援助や復興開発の役割は他の国連機関が担当しているのである。言いかえれば、国連特別代表は通常の調停活動に経済社会支援という道具を取り入れて和平の早期実現を図るために国連機関の活動を総括する責任者という役割が与えられているのであるが、現状では各国連機関があたかも和平とは関係なく、UNMOTとは独立して活動しているかのように振る舞ってきたことがあの惨劇を起こした根本的な原因の一つになったともいえる（**この事件の詳細については、既述第Ⅱ章「国連監視チーム襲撃事件――秋野豊政務官の死　他の援助機関は、UNMOTがなければ人道支援も復興支援もないことを知れ」の通りである**）。

したがって、UNMOT人道問題（経済社会問題）担当民政官は、国連機関活動調整会議に出席し和平の進捗状況、政治社会情勢、治安情勢についてブリーフィングする一方で、すべての国連機関事務所と緊密な連絡を取り、各機関の活動状況を把握しながら和平に向かって各機関との共同歩調をつくりだすのである。ただ各機関の代表はそれぞれが特別代表と直接接触をしたがるので、担当官としては特別代表と各機関の代表の間に立ってフォロウ・アップに走ることが多く、各事務所の担当者とのチャンネルの確立も重要である。これに加えて、元UTO戦闘員雇用促進プロジェクトは特別代表も格別の興味を持っておりUNMOTの重要な和平促進事案であるだけでなく、私がUNDP時代に関わった経済社会開発の経験を生かす機会でもあったので、計画案の作成や実施運営にも深く関わってガルムにあるプロジェクト現場にも何度か視察調査に出かけた。また、このプロジェクトの拡大強化を図るべく援助要請プロポーザルを作成しタシケントの大使館を通して日本政府に提出したが、転勤のため日本政府の結論が出る前にドゥシャンベを離れなければならなかった。その後聞くところによれば、このプロポーザルに対する日本政府のお金は付いたようである。

◆民政部地方監視事務所の総括担当

ＵＮＭＯＴは１９９８年７月の殺害事件以来すべての監視事務所を閉鎖していたが、２０００年の国会選挙時には、ホジャンド、ホログ、クルガンチュウベ、クリヤブの常設事務所に加え、カラテギンのガルムにも選挙監視事務所を開設した。各事務所には概して５〜７人の軍事監視官と民政官２人に通訳とドライバーが配置されており、現地情勢に関する報告が毎日入ってくる。私はこの時、経済社会問題担当官のほかに監視事務所総括という仕事も与えられていたため、特に選挙時は6〜7割の時間がこの仕事に取られていた。総括の仕事は幅広く時間がかかる。実質的な仕事は現地から入ってくる情報をスクリーニングし上層部に上げることと、さらに必要な対応を現地に指示することであるが、僻地で行動する民政官の生活や業務支援も欠かすことのできない重要な部分である。

私の朝は忙しい。まず朝の定時ブリーフィングでは各担当課の報告に耳を傾ける。重要事項はメモにして現地事務所に伝えなければならない。それが終わるとカフェテリアに行き、ここにはインスタントのコーヒーしかないのでミルクティーを頼み、マグを片手にまず四つの監視事務所から毎日入ってくる日報（Daily Situation Report）を手早く読む。これは各事務所管轄地区における軍事、政治、人道、治安、選挙準備動向などの報告、スタッフの行動予定と事務所管理に関する業務報告であり、現地からの問い合わせや依頼なども含まれている。即答できるものはすぐに無線あるいは電話で指示を出し、内部確認を要するものはすぐに関係者にあたる。現地から頼まれた物品の手配や旅行手続き、スタッフの行動に必要な業務書類の準備はアシスタントに指示を出し、ドゥシャンベで発表に

地方事務所との無線交信

なった重要書類や決定事項は原本を週一回の定期パウチ便に入れるが、急ぐものは通常の電話回線ＦＡＸがないので自分で要約を作りフロッピーディスクに入れ1ページ30ドルの衛星電話ＦＡＸで送る。週一回監視事務所とドゥシャンベを物理的につなぐ定期便がパウチである。パウチには重要書類、現金、郵便物、食料品その他現地スタッフから頼まれたものが入れられており、陸路の運行が可能なところでは軍事部のパトロールチームが運び、遠路僻地は国連の飛行機あるいはヘリで運ぶ。一度ホログ事務所の同僚ホセ・カブレラ政務官にアイスクリームを頼まれたが、ヘリに冷凍の設備はないので出発ぎりぎりまで冷凍庫に入れておき新聞紙でぐるぐる巻きにしアイスボックスに入れて空輸課のアシスタントに渡したのだが、ホログの天候悪化のため出発間際で飛行延期となり、アシスタントはアイスボックスをヘリの中に置いたまま帰ってきてしまった。翌日アイスボックスを受け取ったホセは後の楽しみに新聞紙ごと大事に冷凍庫に入れた。後日いざ食べようと思い新聞紙をほどいて開けてみたらアイスクリームの空の箱以外なにも入っていなかったという笑えない話になってしまった。

また、監視事務所総括は定期的に現地事務所を訪れ各民政官の活動状況や生活環境の視察も行わなければならない。パミール高原の奥地にあるホログ事務所は陸路で行く場合、ドゥシャンベからカラテギン渓谷の入り口にあたるコムソモロバドさらにタビルダラ、カライコムを通って行くM41ルートが最短距離である。しかしドゥシャンベからタビルダラまでは治安上の理由で未だに国連関係者の通行が禁止されている悪名高い区間である。ドゥシャンベの東15kmのコファルニコンにはヒットラーとあだ名される無法野戦司令官のグループがいるし、コムソモロバドは異端児ムロ・アブドゥロがおり、その先のラビ・ジャーはUNMOT要員の襲撃事件があったところである。したがって、ホログに行くには一度南下してクルガンチュウベからクリヤブを通りアフガニスタンの国境沿いを北上しカライコムまで行くのであるが、クリヤブからカライコムまでの道路は最近造成されたばかりで路面は川底のような状態である。この道は合計約500kmあり少なくとも三日間はかかる困難なルートである。

ホログ事務所開設の時はトラックと4駆車10台を連ねたコンボイでキルギスのオシュか

地図　タジキスタン全図

ら入る北ルートだった。まずドゥシャンベから北上しホジャンドへ行き、ここから東の国境を越えキルギスのオシュを通り、そこから南下、百年ほど前に隕石の落下によって出来たというカラクル湖を通りパミールの村ムルガブへ、さらに西にパミール高原を横断してホログに来た。このルートはパミール・ハイウェイと呼ばれ道路状態はいいが、かなりの強行軍で4日間かかったうえ4駆車1台を破損するという事故も起こしている。

したがって事実上ホログへは国連のヘリコプターか飛行機で行くしかなく1時間足らずで着ける。ただし飛行場が5千メートル級の高い急峻な山に囲まれた峡谷の底にあるため飛行が天候に左右されやすく、なかなかスケジュール通りに運行できない。このため一週間の予定で行っても結果的に一月間も帰れなくなることさえあるのである。私は飛行機で行ったが、国連機の窓からパミール高原の山並みを見渡す景色は、遠くに最高峰イスマイル・ソモニ峰（標高7495m）も見え、素晴らしい。着陸は、話に聞いていたように急峻な谷間に沿って蛇行しながら飛行場に進入していくので、これで強風にあおられたら一たまりもないことは説明を受けるまでもなく明らかである。ホログ空港でブルガリア人の軍事監視官でチームリーダーのボジダール・ディミトロフ少佐の出迎えを受ける。彼の案内で知事、市長をはじめ政党リーダー、ジャーナリストなどこの地区の有力者に挨拶、和平の進展と来るべき国会選挙について意見交換。次に国連機関事務所やNGO事務所を表敬訪問する。このパミール高原はシイア派の回教徒が多いことからパキスタンのアガカーン基金が積極的な人道支援や開発協力活動を行っているところである。またアフガニスタンとも国境を接していることから、ホログにはロシア国境警備隊の基地があり情報部長と意見交換する。この基地はホログでも隔離された町を形成しており設備もかなり整ったところのようである。ホログは谷底の道に沿って15㎞ほど連なる細長い町で、人口は2200人。急傾斜の山ばかりで農耕地も少なくこれといった産業がないため、雇用機会も限られており貧しい。ここで仕事を持っているのは地方政府の役人か学校の先生、あるいはアガカーン基金のプロジェクトスタッフだけだといわれている。昼間から大勢の人が何もせず町に一つしかないバザールのまわりにじっと座り込んでいるのを見るのは異様でさえある。ホテルは一軒あるが、かなり古びているうえに手入れもせず、毎日の掃除さえもしているふうはない。ベッドは鋼鉄製の枠に綿入りの古布団が置いてあるだけである。トイレは跨いでしゃがむ現地式だが、流れっぱなしの水のため床がびしょびしょで踏み込めない。タジク人の客もいるふうはなく事実上このホテルには誰も泊まっていないので、ないに等しい。通常、外来者はアガカーン基金のゲストハウスに泊めてもらうことになる。

ＵＮＭＯＴ監視事務所は空港とは反対の町外れにあり、この時のチーム編成は軍事監視官３人、軍医1人それに通訳1人で、一つ屋根の下の共同生活をしている。この時は、親友だったホセ・カブレラ政務官がグアテマラのＰＫＯミッションに転勤となっており、後任の民政官はまだ着任していなかったので総勢５人であった。この事務所に配備されている機材は、車両が救急車を含め4台、衛星電話とＦＡＸ、パソコン、本部との交信用長距離無線機、燃料タンク、発電機、管内交信用携帯無線機、それに私物のテレビとビデオプレーヤーなどである。共同で賄いのおばさんを雇い三食とも全員で会食し、週末は交替で自炊している。貧しい地域なのでバザールに行っても主食の小麦粉、米のほかあまり食料品はなく野菜もかなり限られている。夏の間は高原の気候で比較的爽やかだが、冬になると雪が深くほとんど出歩くことはなくなってしまうという。ＰＫＯをいくつか経験した軍事部のつわものが、ホログの生活条件は宿舎を含めかなり厳しい困難なサイトに入ると強調していた。遠隔地のため医療体制は、特別に軍医を配備し日常の健康管理を行い救急車も特別配備されており緊急の対応は可能だが、複雑な病状には対処できない。チームリーダーのディミトロフ少佐は、ここで急性盲腸炎になり当地の病院で手術を受けなければならなかったという。ソ連時代にロシアで訓練を受けた医師は技術的な問題はないというが、病院の設備や医薬品の不足が問題になっている。私の滞在中に、ウルグアイ人のリカルド・グーラ大尉がジョギングの際、犬に足を噛まれ病院に連れていかれたが、ホログでは過去何年間も狂犬病の報告はないので血清は置いてないが心配ないと現地の医師に言われ、消毒治療だけで帰ってきた。私はここでかなりの数の野犬を見ているので狂犬病がないというのはにわかに信じがたいことであるが、グーラ大尉がその後発病することもなく元気で任務を完了したのは幸いであった。話は横道にそれるが、このグーラ大尉、気はやさしくて生真面目な若者である。このホログ滞在中に正式な見合いをしタジク人の女性と結婚したという国連軍事監視官としては異例な存在である。残念ながら詳しい経緯は聞きそびれた。

ホログにレストランはないので外食はできない。これといった美味い食べ物も無いところなので、チームリーダーが子羊料理で歓待してくれた。とは言っても食べるまでには、凄まじくも涙ぐましい過程があるのである。まず近くの村へ行き、しばらく走り回って手ごろな子羊をさがす。適当なのが見つかると持ち主に買い上げの交渉をする。今回は調達班長のグーラ大尉が（といってもチームは全員で5人なので調達班は一人しかいない）奮発して美味そうな子羊2頭を買った。値段は交渉の結果、たしか1万5千タジクルーブル（1999年当時、100円＝1500TRぐらい）だったと思う。そのまま事務所の裏庭で、屠殺解体が始まるのだが、なかなかやり手はいないだろうと思いきや、結構希望者が多いのには驚いた。さすがに屠殺するところは見たくないので遠慮する。もう一頭は別なところに繋いであるのだが、何が起こっているのか分かるのか、その鳴き声がとても侘しい。しばらくしてから解体場所に行って見ると、解体しやすく吊るしてあり素人にしては手際よく皮を剝がしている（正しい羊の屠殺解体についてはコラム「ドゥシャンベの町はシャシュリクの煙 ―― シルクロードの食文化」を参照されたい）。それでも11時ごろ始めてから2頭目が終わったのは2時を過ぎていた。当日はホログに活動事務所を持つNGOスタッフを招待し、日暮れ前からビール片手に庭先でシャシュリクパーティーである。ブルガリア風あり、バングラデシュ風ありの、ラムの串焼きBBQオンパレードである。次の日はバングラデシュのラム・カレー、その次はブルガリア風ラムのもつ煮込み、ラム・シチュウ、ラム・スープ、ラム……、ラム……、さすがに最後は臭いが鼻について、吐き気がするほどラム攻めにあった。

北部のホジャンド事務所は陸路で行く場合、ドゥシャンベの北に横たわって国土を東西に走るギサール、ザラフシャン、トルキスタンの三つの山脈を越えていくのにおよそ270㎞、約8時間かかる。この道は首都ドゥシャンベと主要産業都市ホジャンドを結ぶ一級幹線道路であるが、雪が降る11月から5月までは通行不能で閉鎖になる。道路はソ連時代に造られたものでかなり老朽化しており、度重なる土砂崩れで舗装部分はあまり残っていない。特に最初のギサール山脈を越えるところは急峻なつづら折りの道で所々谷側の路肩が崩れ落ちており、深い谷底が見通せる。何度かそんなところを通過しながら、この道を走るトラックの運転手にだけはなりたくないなどと思ったものである。ここをのぼりつめた所がアンゾブ峠で3300m。さすがに標高3000mを超えると、車を降りて小用のためちょっとした崖を上っただけで息切れがする。高地のためほとんどが荒涼とした岩山だが、スイスの山村を思わせる緑に囲まれた部落も散在し景色は素晴らしい。また急峻な山に閉ざされた峡谷は水力発電の専門家が見たらよだれが出そうな絶好の地形が多々見られる。夏季の間のパウチは週一回、ドゥシャンベ・チームとホジャンド・チームが中間点のアイニ村でランデブーし、それぞれのパウチを交換して戻るようになっている。そうすると、それぞれ片道4時間のドライブで済むが、さもなければ2日間を要し非効率である。冬の間のパウチはもっと複雑な運行になる。一時期タジク航空のホジャンド便にパウチを頼んだこともあったが、取り扱いと引き渡しが不確実でマル秘扱いになっているUNMOTの書類が紛失する恐れがあり取り止めになった。その代わりUNMOTは週末タシケントに飛行機の定期便を飛ばしているのでこれにパウチを載せ、ホジャンド・チームが国境を越えて2時間以上のドライブでタシケント空港まで取りにくるようにした。

初めてホジャンド事務所の視察に行ったのは着任間もない6月末のことであった。最初はヘリで行く予定で朝8時に集合、ヘリは予定通り8時半にドゥシャンベ空港を離陸した。この飛

アンゾブ峠

行ルートは4千～5千メートル級の高山を越えていくのであるが、飛行機とはちがい頂上に近い岩肌をなめるように飛ぶので迫ってくる山並みは山岳映画を見るようでなかなか圧巻である。特にこの時期は、まだ相当な雪が残っており黒い岩肌とまっ白い雪が織り成す自然の山模様が美しい。急峻な山肌にはまだ新しい雪崩の跡が生々しく残っているのが見える。たっぷり1時間半ほどこのダイナミックなパノラマを楽しんだところで平坦地が現れたので目的地ホジャンドに着いたものとばかり思っていた。しかしどうも見慣れた景色だと思ったら、何のことはない先ほど発ったばかりのドゥシャンベ空港ではないか。最後のトルキスタン山脈を越えるところで雲の状態が悪くなり、引き返したのだとウクライナ人のフライト・クルーが説明してくれた。私にとってはUNMOTに来て初めてのヘリ飛行であり、たっぷりと山岳観光フライトを楽しませてもらうことになった。次ぐ日も天候不順で結局ヘリ飛行はキャンセルとなったため、軍事監視活動視察のためホジャンドに行くデンマーク人軍事部長ジョーン・フヴィデガード准将とランドクルーザーで山越えすることになったのである。

ホジャンドではチームリーダーのイバン・ティムネフ政務官の案内で州庁舎にカシム・カシモフ知事を訪問。軍事部長同行ということもあり公安、国防、外務などの各担当要職者列席で行われた。UNMOT和平調停活動の進捗と今後の選挙監視活動の準備状況を説明し、さらにチカロフスクに再開したUNMOTホジャンド事務所の安全確保の要請をする。カシモフ知事はホジャンドの治安がドゥシャンベとは違いはるかに安定していることを強調しながら、こころよくUNMOTの活動に対する全面的協力と要員の安全確保の約束をしてくれた。確かにホジャンドの治安状況は町を一見しただけで分かる。まず武器を持った兵士は町中には見当たらず、警官も武器は持っていないし、夜10時を過ぎてもレストランが開いており、町並みはまだ明るく、たくさんの人がそぞろ歩きをしている。UNMOT事務所があるチカロフスクというところは、ソ連時代に建てられたアルミニウム精錬工場のための高級住宅地区として当時はタジク人社会からは隔絶した町を構成していたらしい。事務所の建物は2階建てで部屋が10部屋と離れにも2部屋あるという大邸宅で、改装したばかりのためバスルームの設備や床のタイルなどは新しくピカピカ輝いている。まだベッド以外は基本的な家具調度品が入っていないため若干の不便もあるが、ホログ・チームの生活環境と比べれば天地の差がある。この事務所の構成は民政官2人、軍事監視官5人、通訳1人の計8人である。配備されている車両通信機器は基本的に他の事務所と変わるところはないが、ホログには特別に救急車が配備されていた。この事務所の食事は近くにレストランもあることから会食にはなっておらず、各自が気ままに自炊をしている。

◆元ＵＴＯ戦闘員雇用促進プロジェクト

和平調停の中でも特に困難を極めているのが武装戦闘員の政府軍統合と兵員削減である。私は人道問題担当民政官としてＵＮＭＯＴを代表し軍事部長とともに毎週開かれる国家治安調整会議に出席している。この会議は政府側の治安問題担当副首相が議長となって国家和解評議会（ＣＮＲ）の軍事問題分科会議長（ＵＴＯ代表）と治安担当４省（国防、内務、国境警備、非常事態）の代表が集まり和平推進の障害を討議しトップダウンで解決するための最高調整会議である。ここでいつも問題になるのが遅々とした統合の進行であり、双方また各省がそれぞれの事情説明を展開し議論を繰り返しているのである。タジキスタンの場合、反政府勢力（ＵＴＯ）が投降したわけではないので武装解除は条件になっておらず、武装部隊を解体せずそのまま統合しようとしているため相互不信によって一進一退を繰り返しているのである。それだけでなく戦力を維持するためには兵士に対する給料、兵糧衣服、兵舎確保に莫大な資金が必要となるが、長期にわたる戦闘で両者ともに決して豊かとは言えないため兵役解除によって兵員の削減をせざるを得ない状況である。しかし兵役解除といっても、戦闘員でいる限り一応食う、寝るところには困らないが、仕事や収入のあてもなく除隊されても路頭に迷うだけなので、誰も積極的には対応しないため兵役解除も一向に進まないのである。さらに充分な兵糧支給を受けない戦闘員は生きるために武器を持って略奪強盗に走るため地域社会の不安要因を創り出していることが大きな問題になっている。

軍の統合も兵役解除も一向に進まない状況にかんがみ、国連が和平促進の突破口として考え出したのが兵役解除された戦闘員に対する雇用創出プロジェクトの導入であった。このプロジェクトは、すでに除隊した元戦闘員の所得確保による生計安定だけでなく、戦闘で破壊された経済社会基盤の修復に加え、現戦闘員の除隊追従効果も見込まれる一石三鳥の事業である。そこで、ウィーン支援国会議で拠出されたノルウェイの資金を元に、国連プロジェクト・サービス部（UNOPS）が実施機関となってカラテギン渓谷一帯の5地区で元UTO戦闘員の雇用促進計画が日の目を見ようとしていた矢先、1998年7月にUNMOTガルム監視事務所のスタッフ4人殺害事件が発生したため、

フヴィデガード准将と国家治安調整会議に出席

国連はカラテギン渓谷から撤退し、このプロジェクトはご破算になっていた。私が着任した１９９９年４月ごろから国連は、和平促進と地域社会安定化のため再びこのプロジェクトの実施準備に取りかかった。５月に雇用促進プロジェクトの実施書類が承認されたのを機会に、国連特別代表は６月、まだ国連の安全制限が解除されていないカラテギン渓谷地域で国連プロジェクト・サービス部（ＵＮＯＰＳ）が活動を再開することを特別に許可した。ＵＮＯＰＳがルム・プロジェクト事務所の再開にあたって、特別代表はプロジェクト関係者とその活動に対し反対勢力を含む地元関係者の安全の保証を絶対の条件とし、万が一どのような些細なことであれ国連関係者が治安問題に巻き込まれた場合は即座に撤退せよと厳命した。同時にプロジェクト・マネージャーは、安全確保のため武装警備員を雇い国連のロゴを付けたプロジェクトのユニフォームを与え、スタッフが遠隔地のプロジェクト現場に出かけるときは彼等を同行することを命じた。

この元ＵＴＯ戦闘員雇用促進プロジェクトは、カラテギン渓谷地域のガルム、タジカバド、ジルガタル、タビルダラ、ダルバンドの５地区を対象に、長期間に及んだ戦闘によって破壊された経済社会基盤の修復を目的として労働集約的公共事業を多数実施し、短期間にできるだけ多くの元戦闘員に雇用機会を与え所得を保証することによって社会復帰を進めようという即効プロジェクトである。プロジェクトの開始時点ではノルウェイの拠出金50万ドルだけで11月までの5カ月間に700人の雇用を創り出すよう計画されていたが、その後アメリカとカナダの拠出が加わって合計220万ドルとなり1200人を雇用する大計画になった。プロジェクト期間5カ月という条件はカラテギン地域が降雪地であるため労働作業も工事も11月を過ぎると不可能になるためである。したがってプロジェクト資金の拡大は実施期間の長期化ではなく、実施地域の拡大が必要となり、各地区で多くのサブ・プロジェクトが同時進行的に行われなければならないのである。このプロジェクトを効果的に進めるためにまず地区ごとに地元の長老、地方行政府側代表、UTO側代表からなる「地区開発諮問協議会」を設立することが計画の条件として含まれ、そこで必要な公共事業の選定協議と優先順位の決定が行われるのである。サブ・プロジェクトの選定が行われるとUNOPSの技術スタッフは具体的な計画を立て、実施規模、期間、雇用人数、費用算出基準などの内容を示す入札仕様書を作成し、下請業者の競争入札にかける。入札書類の判定は別に組織される「入札審査委員会」が審査・決定する。落札業者はUNOPSと下請け契約を結び、指定された人数の元戦闘員を作業員として雇い入れ、自前の機械設備と購入資材で決められた期間内に事業を完了する。非熟練作業員は一律月額50ドルで、専門技術者が100ドルと決められており、業者によるピンはねはできないようUNOPSが監視している。ちなみに統計によると、都市部における政府役人の平均月給は16ドルであるから、僻地における非熟練作業員の50ドルは破格であるといえる。元戦闘員が作業員としてプロジェクトの現場に来るときには二つの条件が厳しく課せられている。それは決して武器を携行しないことであり、迷彩の戦闘服以外の作業服を着ることである。そのためUNOPSは無償でTシャツを配ったのであるが、アメリカのスポーツ用品のブランド名が入ったTシャツ姿の元戦闘員の一団は微笑ましく見えたとプロジェクト・マネージャーが報告していた。プロジェクトでは単純肉体労働が多いが、すべての下請け事業で1日2時間の実地作業訓練（OJT）が組み込まれており、元戦闘員はここで土木、大工、レンガ積み、塗装、配管、配電、作業機械など基本的な技術を習得する。また、戦闘で夫を失った寡婦を炊事婦として各作業場で雇い、作業員に昼食を出すことが下請け契約によって決められているが、これは国連プロジェクトにおけるジェンダー配慮の一つとして導入され評価を受けている。これまでに実施された主な改修事業は、病院、学校、市場、共同作業場、道路、送電線、橋梁、アスファルト・プラント、農業機械整備工場など約80件で1200人の元戦闘員に仕事を与えることができた。これは大雑把に言っても、1200人の作業員が月に50ドルの収入を得て、5カ月間では30万ドルがこのカラテギン渓谷の寒村に突然落ちたことになり、どのような経済効果となって現れるのか興味のあるところである。

1999年8月に起こった日本人JICA専門家人質事件はまさにこのプロジェクトの実施地域内の出来事である（**この事件は第Ⅵ章「UNMOTエピソード　日本人JICA専門家人質事件」で詳述している**）。UTOの異端児ムロ・アブドゥロ野戦司令官の支援を受けてカラテギンに滞在していたウズベキスタンの反政府テロリスト、ジュマボイ・ナマンガニのグループがキルギスを通ってウズベキスタンに向かう途中、軍資金確保のために人質を取ったと見られている。ナマンガニはキルギス政府軍の攻撃とウズベク政府軍による空爆を避けるため2カ月の間、天然の要塞であるカラテギン渓谷奥地キルギス国境付近のパミール山岳地で人質を連れ転々としていたのである。人質事件発生と同時に国連特別代表はタジク人スタッフを除く外国人スタッフを引き揚げ、地域内でのプロジェクト活動の制限を命じた。この間も地域の爆撃被害状況やナマンガニ・グループの移動情報はプロジェクト事務所の無線交信で刻々と伝えられており、私は頻繁にドゥシャンベのUNOPSプロジェクト本部に出向きプロジェクト関係者の安全確認のため情報収集を行った。ナマンガニは8月初旬にもキルギスで人質事件を起こしているが、多分その時に得た身代金を資金にカラテギンで戦闘員の募集を開始した。ナマンガニが月給150ドルを提示しているといわれていることから、月給50ドルの国連プロジェクトから流れる元戦闘員がかなり出るのではないかと心配されたが、結局一人の脱落者もなかったことが報告され、ほっとした。彼等は命がけでの不確実な150ドルよりも安定した生活の50ドルを取ったということであろう。

1999年10月に着任したブルガリアの外交官イボ・ペトロフ新事務総長特別代表が、このプロジェクトを視察するため2000年4月初め、UNOPSの小型チャーター機でカラテギン渓谷のガルムを訪れた。これには元ＵＴＯの若い野戦司令官ミルゾフージャ・アハマドフとＵＮＯＰＳプロジェクト・マネージャーが引率し、ＵＮＤＰ常駐代表、ＵＮＨＣＲ事務所長、アメリカ大使館書記官等とともに私も同行した。空港では以前ＵＴＯのガルム副総司令官だった現ガルム市長のセレジョディン・ダブラトフ氏が出迎え、着飾った子供達が伝統にしたがって花とケーキを持って歓迎した。今回は国連ＶＩＰ訪問のせいか、警備が特に厳しくチャーター機がガルム空港に着陸すると飛行機の周りは数人の武装警備員によって取り囲まれた。私が一人で視察に来てもこんなことはないので驚きである。それからダブラトフ市長の案内で改修中の病院、学校、市場などを視察したのであるが、行く先々で真っ先に警備員が飛び出し銃を構える姿はこの時期のガルムには場違いな感じさえした。なぜならこの頃のガルム市内では武器を抱えた戦闘員どころか迷彩服を着たものさえ見かけない、のんびりとした田舎町という様子だったのである。ところが後でペトロフ特別代表にこのコメントを伝えると、ペトロフ氏はそれを打ち消し政府の情報筋からムロ・アブドゥロの動きが不穏であるという警告が入っていたと言うのである。国連ＶＩＰ全員が人質などということになれば、それこそ一大事である。ダブラトフ市長はこの地域が１９９８年のＵＮＭＯＴ監視チーム襲撃事件以来、国際組織から見放されていたが人道的にも経済的にも充分な制裁を受けたので、これからは平和なカラテギンとして国際機関の活動を呼び戻さなければならないとさかんに強調していた。特別代表がＵＮＭＯＴの慰霊碑建設の話に触れると極めて協力的で、市庁舎の敷地内の土地（約30ｍ×

30m）を慰霊碑建設用地として案内してくれ、そこを「United Nations Park」と名づける事などを提案した。この日の視察はすべての日程を予定通り済ませて何事もなく終わった。しかしこのダブラトフ市長の「ガルムを平和な町に」という願いにもかかわらず数日後には、この日我々を引率してくれたミルゾフージャ野戦司令官の車に、政府勢力との対立によるしこりで爆弾が仕掛けられたという。また市長自身も、ＵＮＭＯＴ閉鎖後の２０００年６月、このカラテギン渓谷をウズベキスタンの反政府テロリスト、ナマンガニのグループを守ろうとした元ＵＴＯの異端児ムロ・アブドゥロの一味によってＵＮＭＯＴ要員殺害現場となったラビ・ジャー付近で銃撃を受け殺害されたという悲報が伝わったのである。

イボ・ペトロフ特別代表とガルムのセレジョディン・ダブラトフ市長

◆選挙監視――大統領選挙

1999年11月6日はUNMOTが5年前タジキスタンに入って以来、初めての大統領選挙である。国連は、UNMOTに定められた任務にこの大統領選挙の監視は含まれていないため中央選挙管理委員会に対し公式監視活動は行わないが、次期国会選挙の準備のため民政官による視察調査を実施する旨通知した。投票前の状況については**第Ⅴ章「タジキスタン内戦の構造と長い和平の過程　タジキスタン和平と協調に関する一般合意の実施」**で詳しく述べている。大統領選立候補予定者は、人民民主党のラフマノフ現大統領、タジキスタン正義党のサイフィディン・テュラエフ、タジキスタン民主党（テヘラン派）のサルトン・クバトフ、イスラム復興党のダブラト・ウスマンの4人であったが、立候補登録に必要な有権者の5％（14万5千人）の署名を集めたのは現大統領だけだったので、登録締め切り時点ではラフマノフ現職大統領の単独選挙ということになっていた。残る3人は政府側の妨害で必要署名を集めることができなかったとして選挙のボイコットを表明していたのである。ところが投票日2週間前になって最高裁判所が反政府連合イスラム復興党のダブラト・ウスマン候補は必要数を満たしたとして中央選管にウスマンの候補者登録をするよう命じたため、選挙をボイコットしているウスマンの意思に反して投票用紙にはラフマノフとウスマンの名前が併記され二者択一の投票となった。これは、和平過程の中での単独選挙による当選が国際社会からの反発をかうことは必定で、政府側が民主選挙の体裁を整えるために取った窮地の策と見られている。

投票前日の朝、通訳のムヒブロとタジク人警備員3人を乗せ、雨の中UNのランドローバーでドゥシャンベを出発。私はこのとき監視事務所総括だったので、クルガンチュウベ現地事務所でカトロン地域の選挙調査を行う他の4人の民政官を集めて、この調査の目的、手法、注意事項などのブリーフィングを行った。3チームを編成し、各チームにタジク人通訳と念のため警備員一人を配置、装備としてクルガンチュウベ事務所との交信用無線機と圏外交信のために衛星電話を渡す。昼食は軍事監視官も入れて事務所員全員で会食。私の担当は大統領の出身地クリヤブ選挙区なので、クルガンチュウベ事務所からクリヤブ地域を担当しているアブデルアジズ民政官を乗せクリヤブに向かう。クルガンチュウベからおよそ4時間のドライブでクリヤブに着いたのは夕方であった。宿舎の国連プロジェクト・サービス部のゲストハウスに荷物を置いてから、すぐにアブデルアジズ民政官の案内で、クリヤブ地区選挙管理委員長に挨拶、今回の調査の目的を説明し協力を依頼、こころよく受け入れてくれる。アブデルアジズによると、この人は何時も協力的でいい人なのだが、市長というのが難物らしく大統領の出身地であるというプライドからUNMOTの監視活動そのものを認めていないので、ここではUNMOTの日常活動も難しいらしい。選挙当日は朝5時に起き、外はまだ真っ暗で凍えるような寒さだが、昨日の雨とは一転快晴で満天の星である。6時の開場を見るため宿舎近くの投票所を選び5分前に到着、中に入って自己紹介をすると、まだ寝起きのせいもあってか、皆ぽかんとしている。前もって行き先を伝えると視察を迎えるために準備をしてしまうので、すべての投票所に前触れなく飛び込みで入ることになっている。この投票所では選挙管理委員もまだ全員そろっていなかったが地元の若年寄り風の男がそそくさと投票箱の設置を始め、早起きの投票者が来たので選挙人台帳を開き、署名させてから投票用紙を渡していた。総選挙人数、選挙管理委員、民間選挙監視員、候補者側立会人などを確認して投票所を出る。一日中、山を越え谷を渡って延べ約20カ所以上の投票所を回った。全部の投票所の場所を知っているわけではないが、投票所を探すのはそれほど難しくない。大体どこでもスピーカーからガンガン音楽が流れている し、入り口の前には物売りさえ並んでいるのである。多くの投票所で盆踊り風の民族舞踊を見せてくれたし、ある投票所ではアコーデオンの伴奏で子供達がラフマノフ大統領を讃える歌を歌っていた。我々が行った時、さすがにこれは選挙違反になると思ったのかリーダーの大人が突然制止したので子供達は訳が分からずきょとんとしていた。投票に関して例外なくどこの投票所でもまったく罪悪感なしに行われているのは代理投票である。一家の代表が一人でやってきて、選挙通知だけで身分証明書類の提示もなく、まとめて台帳に同じサインをし、人数分の投票用紙をもらい、まとめて投票していることである。我々が見ているときは「一人一枚、一人一枚」と係員がタジク語で囁いていると通訳が言っていた。また投票所は選挙管理委員会の監督下というより地区役場の統制下にあり、役場の代表とＫＧＢと警察官という組み合わせで見張っているのはどこでも同じである。8時の締め切り後の開票立ち会いは、我々の立ち寄ったすべての投票所で拒否されたため、この選挙調査は公式な監視ではないから強制ではありませんと初めに断っているので黙って引き下がり、地方選管の委員長に一応抗議したが大変申し訳ないがと丁重に断られた。高投票率と単独候補者に対する高支持率はソ連時代からの選挙慣例らしいが、前述のような投票手続きと秘密集計によって可能になるのであろう。

停電の中で投票集計

Ⅳ　開発屋のＰＫＯ挑戦

◆国連の開発屋からピースキーパーに
◆一人国連平和維持活動へ
◆シルクロードの町タシケントにて
◆首都ドゥシャンベ到着
◆タジキスタン監視団初出勤
◆マウンテンビュウ・カフェ
◆ドゥシャンベの町
◆安全で快適なアパート
◆単身生活の安全と健康管理
◆無線による点呼：命の綱「ラジオ・チェック」
◆国連ミッション専用機
◆休養地：タシケント
◆人間ピースキーパーさまざま

◆国連の開発屋からピースキーパーに

私は発展途上国の経済社会開発協力を専門とする開発屋である。私が途上国の貧困撲滅を目指して国際連合開発計画（ＵＮＤＰ）に入ったのは、１９８０年2月のことである。最初の勤務地はアラビア半島の南端にある北イエメン、当時まだ東西冷戦の影響で南北に分かれて対立を続けていたイエメン・アラブ共和国のサナアである。イエメンは紅海の入り口にあり、紅海はインド洋から入りエジプトのスエズ運河を通って地中海に抜けるアジアとヨーロッパを結ぶ最短航海路である。対岸まで数十キロしか離れていない狭いバベル・マンデブ海峡を隔てて向かい側にあるアフリカの角《つの》、ソマリアやジブチとともに重要な戦略拠点である。このＵＮＤＰ常駐代表事務所開発企画官が私の国連での最初のタイトルである。ＵＮＤＰは国連制度の中で開発協力を一手に取りまとめている機関であるだけでなく、ニューヨークの本部をはじめ東京、ジュネーブ、ボンなどの事務所と途上国の常駐代表事務所を合わせて１３０カ国以上に持っていることから国連制度を代表する大使館のような役割も果たしており、災害地や紛争地における人道援助など国連各機関の活動調整も行っている。したがってＵＮＤＰのスタッフは2～5年ごとに代表事務所を転勤しながらこれらの幅広い仕事をこなし、昇進もしていくのである。

ＵＮＤＰの主任務である経済社会開発では、開発企画官として任国におけるカントリー・プログラムの作成からセクターごとの予算配分、プロジェクトの発掘、形成、審査、承認、実施管理、評価などに携わるだけでなく、これらを通して任国政府、支援国、他の国際機関などとの交渉や調整の技量が要求されるのである。また環境、科学技術、女性、民間活力、市場経済化といった開発のテーマごとによる地域会議の企画実施などもＵＮＤＰ開発企画官に与えられる重要な仕事の一つである。

イエメンの次は常駐代表補佐官となって、紅海をはさんだ向かい側の国、アフリカの角と呼ばれる東アフリカのソマリアに転勤となった。紅海の入り口にあって当時米ソ二大国がここの支配権をめぐってしのぎを削っており、紅海を隔てた反対側で南北に分裂させられたイエメンが東西冷戦の代理戦争をしていたのと同じく、ここもソマリアがアメリカの支援を受け、隣のエチオピアはソ連の支援を受けており、その間にある小さな国ジブチは国全体がほとんどフランスの海軍基地化しているというように冷戦の構図が展開していたところである。ソマリアはシアド・バレ大統領が１９６９年のクーデターで権力の座についたときは、ソ連の支援による社会主義国であった。しかしエチオピアとの国境紛争の際、ソ連がエチオピアを支援したことから、これに臍を曲げたソマリアが西側に寝返ったので渡りに船とアメリカが後押しに入ったのである。当時のソマリアは、20年以上の間シアド・バレ大統領が縁故で固めた独裁政権を築き民主主義とは程遠い体制であったにもかかわらず、東西冷戦による、なりふり構わぬ援助競争でバレ大統領の長期独裁体制が維持されたといえる。民主化と市場経済化を援助の至上命令としているアメリカの援助政策からは想像もつかないことであった。

1990年を前後して共産主義ソ連制度の崩壊が起こり、東西二大国冷戦構造は消滅した。これにともない、国連の権力構造はアメリカの一国主導に変わり、先進諸国の援助政策も多国間援助から二国間援助に焦点が移り、大きく変わることになった。また、ソ連制度の崩壊と冷戦構造の消滅は、旧共産圏における市場経済化の導入促進という援助政策の転換を導いただけでなく、それまでの不自然な権力バランスが崩れたことによって世界各地で実権回復の地域紛争が頻発したため、紛争国における人道援助と民主化の支援が重要課題となったのである。このように国連の援助政策も従来の途上国だけを対象とした経済社会開発中心の援助から、旧計画経済国の市場経済移行支援、紛争国における人道援助、民主化、復興開発なども含む広範な活動が要求されるようになってきた。もともと途上国の貧困や飢餓と闘う開発エキスパートを目指してＵＮＤＰに入った私も、移行経済国と紛争国支援も含めた多目的援助協力を手がけることになった。

私がＵＮＤＰで最初に勤務した二つの国はともに紛争国であり、ある意味で、ともに東西冷戦の被害者であるといえる。これらの国で勤務し始めた時は気がつかなかったが、紛争国内の対立構造問題から取り組むことによって、より効率的な民主化や復興支援が行えるのではないか、ひいてはブトロス・ガリ前国連事務総長が「平和の課題」の中でいう「ピース・ビルディング」によって紛争を回避することができると考え、国連の平和維持活動に興味を持つようになっていた。それだけでなく、開発の最前線を目指していたはずの自分がいつの間にか国連という大官僚組織の中で書類の処理だけをする開発官僚になってぬるま湯に浸かっていることに常々不満を抱いていた。国連平和維持活動という目標がはっきりした現場で自分の努力がすぐに結果となって現れる仕事をしたいと思い、紛争国の危険を承知でＵＮＤＰから国連平和維持活動に参加する希望を出していた。そこで出てきたのが国連タジキスタン監視団（ＵＮＭＯＴ）民政官の話だったのである。

タジキスタンは、１９９１年にソ連制度の崩壊とともに独立して以来、翌１９９２年から内戦となり、10万人以上の死者を出し、総人口約６００万人のうち60万～70万人が国内避難を余儀なくされ、10万人が難民となって近隣諸国に逃れたといわれている。１９９４年の一時停戦協定によって国連停戦監視団が導入され、１９９７年６月、現政権とタジク反政府連合（ＵＴＯ）との間にようやく和平に関する一般協定が成立した。この和平協定で、ＵＴＯは戦闘組織を解体しＵＴＯ戦闘員を政府軍に組み入れることに合意、一方現政権は、政府の国防・行政に関する主要ポストの30％をＵＴＯに対し割り当てることに合意したのである。さらに、この協定は現行憲法を改正し公正な選挙を実施し、民主的で自由な政治活動を保証するものである。

しかしＵＴＯ戦闘組織の解体過程は困難を極め、和平交渉は一進一退を繰り返し、協定で合意した時間的枠組みは無いに等しくなった。そのような事態の中で１９９８年７月20日、ＵＴＯの本拠地であるカラテギン渓谷で日本人政務官秋野豊氏を含む４人の国連監視団員の殺害事件が起きた。国連監視団はスタッフの安全が確保されていないとして、すべての地方監視事務所を閉鎖し、首都ドゥシャンベからのみ監視活動を行うこととした。一方国連は、ＵＴＯの戦闘組織の解体は両者間の政治的な交渉だけでは無理と判断し、戦闘員の武装解除を促し市民社会への復帰を支援するために雇用促進や所得保証などの経済社会的なアプローチを取り入れようとしているところであった。長い間、国連開発計画で経済社会開発を専門としてきた私の国連平和維持活動への参加は、このような背景で決まった。

◆一人国連平和維持活動へ

ニューヨーク出発は１９９９年４月18日、荷物は手荷物を含めトランク、スーツケースなど８個、合計１８０kgをステーションワゴンのタクシーに積み込み午後６時にスカースデールの家を出る。長男は、前週末に学校の許可をもらって帰省していたが、すでに寄宿舎に戻っていたので、最後に娘とハグしてから出られたのはよかった。ＪＦＫ空港からルフトハンザでフランクフルト経由タシケントまで、そこから国連専用機でタジキスタンの首都ドゥシャンベへ向かう。久しぶりのビジネスクラスで気分がいい。搭乗前にビジネスクラスのラウンジで冷たい飲み物を片手にソファに腰掛けるとほっとする一方、ついにここまできたなという感慨と、出発前に処理できなかった問題に対する心残りと不安が入り交じった複雑な心境に襲われる。ＰＫＯに行く以上、最悪の事態がないとは言えないが、かといってそのことを表だって話す気にはなれない。一人になって、「俺は家族に対し充分な対策を講じてきたか、子供達に父親の生き方を充分伝えられたか、子供達に人間としてどういう生き方をしてほしいか伝えられたか」など自問していた。９時40分の搭乗にはまだ充分な時間があったので、また自宅に電話し娘と話す。国連の同僚米川さんにも電話し、出発の挨拶と私に万が一何かあったときのことを頼む。それからニューヨーク代表を委嘱されていた国連支援交流財団の大橋さんに電話をし、直接手渡せなかった財団事務所の鍵をこのラウンジから郵送したことを伝える。妻には家事の引き継ぎや子供達のことをよろしく頼むと言いたかったし、今後のこともいろいろ前向きに話し合いたかったが、そういう状態でなかったことがとても残念だ。

◆シルクロードの町タシケントにて

フランクフルトを経由してタジキスタンの隣国ウズベキスタンの首都タシケントに着いたのは夜の11時半近くであった。荷物が8個で180kgをかかえていることもあり、必ず国連タジキスタン監視団（UNMOT）スタッフの出迎えがあるものと密かに確信していたのだが、出迎えどころか2時間後には発つはずの国連機さえ着いていなかったのだ。入国審査の長い列のかたまりの後ろのほうで順番を待っていると誰かが名前を呼んでいるので、嬉しくなって出て行くとルフトハンザのエージェントがUNMOTからのメモを持って待っていた。今晩はタシケントに泊まり、明日タジキスタンのUNMOT事務所に電話するようにとのことである。と言われても困るのだ。180kgの荷物はどうする、予約もなしにいったい何処のホテルに行けばいいのだ、タクシーに乗るにしてもロシア語だけで誰も英語を話せないし、こんな夜中に現地貨もなくどうやって行けばいいというのか。中国系の顔をしたエージェントの女の子が少し英語を話すので、今この子を離したら俺は一生この空港から出られないかもしれないと思い必死の思いで引き止め、まず大きな荷物は空港で預けたいこと、それからホテルに行きたいのでタクシーに行き先を告げるまでは決して離れないようにとしつこく言う。彼女はまずポーターを連れてきてくれ荷物の交渉をし、次にそのポーターがタクシーもやっているのでホテルまで連れていくように決め、荷物運び・預け、タクシー運賃全部合わせて20ドルということになった。ただ国連レセパセ（国連職員パスポート）のお陰で１８０kgもの荷物の通関がフリーだったのはありがたい。税関を過ぎて外に出てみると、何のことはないちゃんと「Mr. Tomaru/UNMOT」と書いたサインを持っている男がいるではないか。それも二人もいるのである。一人はＵＮＤＰで、もう一人はＵＮＭＯＴのエージェントらしく二人とも中には入れないので外で待っていたようだ。結局ＵＮＭＯＴが残って荷物からホテルまでの面倒を見てくれた。

ホテルはタシケント・ホテル、部屋代は朝食込みで25ドルだという。大きなホテルだが、とにかく古くて手入れがされていない。各階エレベーターの前には大柄で無愛想なロシア系のオバさんが見張りをしており部屋の鍵はそこで渡される。夜中の２時近くにようやくたどり着いたという思いで這いずるように部屋に入ったとたん、とても惨めな気分になる。古く汚れてよれよれになったじゅうたん、壊れたクローゼットの扉、ちゃんと閉まらないで冷たい風が吹き込むバルコニーのドア、水が流れっぱなしでいつも音がしているトイレ、栓のないバスタブ、シャワーカーテンのないシャワー等など。ベッドは５cmほどのスポンジだけのマットで、知らずにドンと腰掛けると尾テイ骨が敷板にぶつかって痛い思いをした。シーツの掛かっていない古い毛布を返すとなんだか南京虫でもいそうな気がして、ベッドに入るのには勇気がいる。長いあいだ開発協力に携わり途上国の不便さや貧しさには慣れているはずの自分が、10年以上のニューヨーク生活でいつの間にか心構えというか途上国で生きていくセンスのようなものが薄れているのに気がついて愕然とする。それでも緊張感から解放されたせいか毛布の上に横になっているとそのまま眠ってしまった。中央アジアでの第一夜を過ごしたこのホテル、後々まで世話になるとはこの時点では思ってもいなかった。

翌朝は寒くて目がさめる。7時半から朝食なので洗面だけして一階の大きなダイニングルームに行く。ウエイトレスは小柄なロシア系の顔をした女の子、朝食は込みになっているのだがロシア語しかしゃべらないから何を言っているのか分からないうえに、こっちも初めてで何をどうオーダーすることになっているのか知らないから一向に通じなかった。どうもオムレツかソーセージかと聞いているのではないかと判断し、ソーセージと言うとノウと言うのでもっと分からなくなる。結局オムレツで落ち着いたが、出てきたのはフライドエッグだった。要するに朝食はお茶またはインスタント・コーヒー、それにジュース、クッキー風のパン、スライスしたチーズとソーセージがついて、あとは卵の焼き方を選ぶようになっているようだ。この日はソーセージがたまたま無かったので意思疎通に混乱があったのだと思われる。

朝食後、英語が通じるホテルのリセプションに寄って電話のかけ方を教わり、早速部屋からかけてみるが、何度かけてもロシア語の案内テープがまわるだけでつながるふうはない。何度かリセプションを往復しても分からないでいると宿泊者専用のビジネスセンターからかけてみろということになり、行ってみるとすぐにかかった。問題は、旧ソ連圏内は他の国際通話とは違い直接長距離通話でかかるのに、タジキスタンの局番が書いてなかっただけのことらしい。UNMOTとの話では、国連機は明日金曜日午後6時にタシケント着、翌日土曜日夜7時に発つので明後日の午後5時までホテルで待てとのこと。昨日の便はどうなったのかと聞いたら急に予定を変更し、11時20分のルフトハンザが着く前に出たらしい。

これから丸々二日半はタシケントにいることになる。それなら近郊の観光でもと思い、何故か聞き覚えのある地名サマルカンド（タシケントの西約２００㎞）に行こうとビジネスセンターのトラベルエージェントに車の手配を頼んだ。それからはたと気がついて、待機中とはいえ赴任途中で、日程にないところに行き事故にでもあったらそれこそ弁明できないので、市内を散策するだけにする。中央アジアの中心地タシケントだからせめてシルクロードの面影に浸ろうとミュージアムを探すが地図などはないし、聞いてもロシア語だから分からないし、表示を読むこともできない。それでもリセプションでの不確実な説明とミュージアムはロシア語では「ミューズィ」というらしいことを頼りに歩き回ってなんとか探し当てる。博物館は割に小さな建物で置いてあるものも少なく偏りがあるので体系的と言うわけにはいかないが、シルクロードとイスラムの感じは掴めた。美術館にも行ったところ、日本の東北出身の画家が描くふっくらとした色っぽい顔の観音様の彫刻画を観たことがあるが、驚いたことにまったく同じ作風の画が特別展示になっている。ロシア語表示なので分からないが作者名が気になった。

　この町はそもそも、たくさんの商店が集まった繁華街というか中心地があまりないので、いくら歩いてもちゃんと街を見たという実感がない。町並みもソ連時代の影響か道路が広く、高い街路樹が植え込まれ建物も密集していないからスカスカで、何となく町全体が静かな公園といった印象だ。それでもよく見るとアメリカ風のスーパーがあったり、小さな店が集まって入ったショッピングモールのようなビルもある。昼食は街中のあちこちに出ている屋台の串焼き肉と大きな鍋で作る炒飯風ライス。串焼き肉はシャシュリク、炒飯はオシュプラフというらしい。シャシュリクが二本で150ソム、プラフは小皿に山盛りで刻んだ肉と千切りのラディッシュをのせて180ソム。なかなかうまい。昼時は町全体にシャシュリクの煙と匂いが漂っている。アメリカ風のスーパーで水とビールを買う。

　金曜日の夜はUNMOTの空輸管理アシスタントのマスルールと国連機のクルーと一緒に夕食。クルーは全員ロシア人で気の良さそうな男達ではあるが、英語があまり話せないこともあって何となく盛りあがらない。レストランはホテルからも近いトルコ資本が経営する店の一つで「エミール」という一応高級レストランで、結構しゃれた料理を出し、フロアショウまであり、ビールを飲んでも3300ソム。昼飯と比べると高いが、この7・3ドルは安い。ニューヨークを出るときコートをうちに忘れてきたためあまりの寒さでデニムのベストを買ったが2600ソム、6ドルもしないのである。

ちなみに滞在中のドル対現地貨の換算レートはオフィシャルが138ソム、マーケットは450ソムで3倍以上の差があるのだが、外貨管理は特別うるさそうでもなく町の店で簡単に換えてくれる。私は最初に電話代を払うために、知らずにホテルの両替所で換えたが、後はそのホテル内にある売店が450ソムだというのでそこで換えた。したがって、昼食は全部で1ドルにも満たないのである。だから一回に10ドル以上換えると使い残すことになるので先を考えながら少しずつ換えなければならない。おまけにホテルの支払いはドルだと思っていたがソムでいいらしい、それも別に両替の証明書もいらない。つまり25ドルで3・5泊し85ドルの請求、これをマーケットレートで払うとたったの26ドルだ。外国人にとっては鷹揚でいいが、正直言って外貨管理がこれではこの国の経済開発はおぼつかない。せめてホテル代ぐらいはドルでとるか交換証のある現地貨を受け取るようにしなければ。

ホテルの支払いを済ませて午後5時に空港へ向かう。UNMOTの空輸アシスタントがいるお陰で荷物の取り出しや通関も簡単。4日前、この空港に着いたときの不安感や緊張感とは天地の差がある。タシケント空港でウズベク政府との交渉に来ていたUNMOTのボスにあたるヤン・クビシュ国連事務総長特別代表に会い挨拶。彼はスロバキア人でかなりの大男だ。合計

5人の国連機搭乗者だけの出国手続きを済ませ、大型の空港バスにたった5人で乗って国連機、ソ連製輸送機アントノフ26へ。尾翼の下が全開する荷物の搬入口から搭乗。想像はしていたが貨物機の中は飾り気も色気もまったくない。ベンチシートだけで背当てさえ付いていない。ここで記念にクビシュ代表と写真。ターボプロップのエンジン音がうるさいのでヘッドホーン型の防音耳あてを渡され、皆が話をすることもなく国連機は夜7時にタシケントを飛び立った。

◆首都ドゥシャンベ到着

離陸後まもなく暗くなり、窓から景色を見ることもなくじっと座っていると、ちょうど一時間ほどでドゥシャンベに到着。外は真っ暗で土砂降りの大雨。UNの車とタジキスタンの入国

ヤン・クビシュ特別代表と国連機で

管理官が来てレセパセを集めていく。まず特別代表だけが先に出て、後は私の荷物と残りの4人、フライト・クルーに分かれて飛行機から直接UN車に乗る。真っ暗なうえ大雨なので空港の印象も町の印象もまったくないまま、私は滞在用のスーツケースを一個だけ持ってホテル・タジキスタンへ。ここは一泊40ドルで先払いになっている。チェックインでは年恰好もタシケント・ホテルより若い女性で、やや愛想のいいのが幾分疲れと緊張をほぐしてくれる。タシケント・ホテルと比べると建物が新しく明るいので感覚的なずれはない。このホテルも各階のエレベーターの前にロシア系のオバさんがいて鍵をもらう。部屋には小型冷蔵庫があり、リモコン付きのテレビもある。地元局はロシア語かタジク語放送だが、一局だけサテライトでCNNが入っているのが救いではある。明日は8時半に迎えがあるとのこと。タシケントで買った残りのビールを飲んで、CNNを観ながら寝てしまう。

ホテルに入るとき水道の水は飲むなと言われていたが、蛇口をひねるとミルクティーという感じの茶色い水が出るので、とても飲むどころか口にふくむ気にもならない。タシケントではバスルームがいかにも不潔そうで、すでにペットボトルの水を買って歯磨きに使っていたので、その残りの水を使う。トイレットペーパーがまた凄い。一応ロール状にはなっているが、どちらかといえばサンドペーパーに近いほどザラザラなのだ。これでは3回も拭けば血が出るに違いない。おまけにこの硬さでは水洗トイレといっても流れないだろう。後で分かったことだが、拭いた後の紙はトイレには流さず、横に置いてある屑かごに捨てることになっているらしい。たっぷりとモノがついた紙はどうしても抵抗があって、なかなか屑かごに捨てる気にはなれない。シャワーと洗面台が一緒というのも珍しい。つまり洗面台の後ろをシャワーカーテンで遮ってから洗面台の蛇口で顔と頭を洗い、それからハンドシャワーを手に持って体を洗うのである。最初床がびしょびしょになるのが気になったがすぐに慣れ、狭い洗面スペースを使うには結構合理的かなという気もする。ここでの朝食はあまり問題なかった。タシケントとほとんど同じシステムなのだ。さっさと頼んで食べて出る。そのままホテルの入り口で待っていると、アルメニア人のパウラ・ハコピオンという民政部の若くてなかなか美人の政務官が、「UN」の2文字がでかでかと書いてあるランドローバーで迎えにきてくれた。

◆タジキスタン監視団初出勤

国連タジキスタン監視団（UNMOT）本部はホテルから車でほんの2〜3分のところにあった。町を見渡すほどの時間はないが、ここも道路や歩道がたっぷり広く取ってあり高く茂った街路樹に覆われている。通勤時間だというのに混雑というほどの人込みはない。国会議事堂前の広場から200mくらい入り、UNの大きな2文字が入った白の4WD車が何十台も路上駐車してあるところがUNMOT本部である。意外に小さな建物だが警備は厳重そうだ。

UNMOT事務所前

国会議事堂前を走るトロリーバス

まず直接上司にあたるインド人のサクセナ民政部長に挨拶だけして、そのまま8時45分から始まる朝の定時ブリーフィングに出席。進行係をはじめ半数以上が迷彩の戦闘服を着た軍事関係者である。まず前日から24時間に起こった軍事動向変化に関するブリーフィングだったが、地名・人名等背景が分からないので話がぴんとこない。昨年、1998年7月のUNMOT監視団員殺害事件以来閉鎖していた監視事務所のうち二つを再開することが認められたという報告があった。次に民政部政務官から政治社会的な動きについて政府機関や報道関係の情報をもとに分析報告。その他業務関係の連絡の後、警備主任からドゥシャンベ市内と近郊で起こった治安事件の報告と警戒要因の連絡があった。市内でも夜間の発砲・爆破事件や殺人事件等が頻繁にあるようだが、必ずしも和平交渉と関連した政治的な対立によるものではなく、単なる犯罪によるものも多いらしい。最後にクビシュ特別代表からウズベキスタンでの外務大臣会見の結果とチームサイト再開についてあらためて報告があった。

朝のブリーフィングが終わると、パウラに連れられてオフィス内を紹介されるが、スタッフの数が多いうえに聞きなれない名前ばかりでまったく覚えられない。UNMOT本部は2カ所に分かれていて、特別代表室のほか軍事、民政、通信、財務、警備、運輸など主な機能が置かれているのがHQ1（第一本部）、空輸課、庶務課と人事課がちょっと離れたところのビルでHQ2（第二本部）と呼ばれている。まずHQ2にある人事課に行って給料、休暇、勤務諸手当の説明を受け、以後の個別ブリーフィングリストをもらう。次に庶務課では出張・旅行、デスク・事務用品支給、外交パウチの説明を受け、滞在ビザとＩＤ（身分証明書）の手続きをする。ＨＱⅠに戻って、警備課主任から9時〜6時のカーフュー（外出禁止時間帯）、安全居住指定区域とアパートの選び方などの話を聞くと、かなり緊張感を感じる。通信課では電話、ＦＡＸ、無線用語と使用方法の説明を受け、無線機をもらうと完全にＰＫＯに来たという実感がわく。さらに運輸課では、個人に渡される車の管理と配車システムについて、空輸課ではＵＮ機とヘリコプターのスケジュールと利用手続きなどについて説明を受ける。その他情報管理課ではコンピューター設置から情報アクセスについて、財務課では月払いの現地生活費支払いについて、営繕課では事務所設備と電気・空調について等など山ほどのブリーフィングを受ける。

初日は細々した業務関係のブリーフィングに追われて最も直属のサクセナ民政部長のブリーフィングが二日目になってしまい、早速文句を言われる。民政部は軍事部と並ぶＵＮＭＯＴの主要機能である。政務課を中心に報道分析課、選挙課、文民警察課、法務課、それに広報課からなっている。私の具体的な任務については特別代表と協議のうえ決めるとのことだが、軍事と政治が中心のＵＮＭＯＴでＵＮＤＰのような経済社会の活動は限られているので、取りあえず民政官として政務課に所属するように言われる。クビシュ特別代表には空席となっている国連機関活動調整官として提案するとのこと。調整官室というのはもともと特別代表直属だが、前任者はＵＮＤＰ常駐代表が国連機関活動代表でもあるのでＵＮＤＰにオフィスをもって働いていたために、ＵＮＭＯＴの所属意識もあまりなく命令系統からも外れてしまい、ＵＮＭＯＴとしてはあまり重要性を認めていない、いわく因縁付きのポストになっているらしい。

オフィスは何処かと心配していると、おまえは取りあえずコンテナ№19に行ってくれと言われる。コンテナとは「貨物輸送用鉄容器」のことではないか。なぜオフィスではなくてコンテナなのかと思ってパウラに聞いてみると、このＵＮＭＯＴ本部の建物は小さくてスタッフが全部入りきれないので、裏にコンテナで作ったオフィスが並べてあり、かなりのスタッフがそこで働いているらしい。トラックや貨物列車の上に載っているあの鋼鉄製のコンテナがオフィスとは色気がないが、ますますもってＰＫＯの実感を深める。しかし実際に入ってみるとそれほど愛想の悪いところでもない。窓や照明はいうまでもなくエアコンもあるので結構快適で、電話とパソコンが設置されており、まったく不便はなく文句はない。丈夫で移動・設置も簡単という意味で機能的で合理的かもしれない。それでも数が足りないので二人で共用する。いずれ新しいコンテナが着いたら一人ずつになるらしいが、今度はコンテナのスペースがないので上に載せて二階にするのだという。これではまるで大型のカプセルホテルではないか。同室の相手はザリナというロシア系タジク人通訳の女性、顔は可愛いが話してみるとプライドが高くてちょっと癖がありそうだ。パウラ以外では、エルサルバドル人のホセ・カブレラという政務官とすぐに仲良くなる。彼はタジキスタンに4年半というロシア語がぺらぺらの強者だが、ラテンアメリカ人特有の気さくさでとても面倒見がいい。頼めば何処にでも連れていってくれるのでとても助かるが、頼まないのに町中をドライブしてくれたりもする。2～3日の間にバザールだけでも10カ所以上は行ったと思う。

◆マウンテンビュウ・カフェ

ＵＮＭＯＴの屋上にはマウンテンビュウ・カフェと呼ばれているこぢんまりとしたカフェテリア・バーがある。ここからドゥシャンベの西北が望め、やや離れて5月でもまだ厚い雪に覆われて迫ってくる険しい山並みがなかなかの景観なので、マウンテンビュウという名の由来となったらしい。地図で見るとドゥシャンベの

同僚のパウラ・ハコピオンとホセ・カブレラ

北側には三重の山脈が走り、ここから見えるところでも3千～4千メートルはある高山である。ここは名前ほどしゃれた所ではなく、もともとはスタッフが自分達のために屋上のスペースを使って手作りで建てたものらしい。ドゥシャンベの政治・治安情勢が不安定になるにつれ外国人が出入りできる安全な場所が限られてきたために、他の国連機関やＮＧＯが集まるようになって外国人コミュニティに開放されるようになった。最近になって、公共性を考慮して少し公費をつぎ込んでやや見栄えのいいところになったようだ。ＵＮＭＯＴのスタッフにとって、ここは安らぎの場である。

ＵＮＭＯＴスタッフは何かといえばここに来る。外部の人との打ち合わせといえばここだし、民政部員は朝のブリーフィングの後しばらくここでコーヒーを飲みながら政情分析や情報交換（たむろ）しているので評判が悪い。ここの内線番号が５５５番なので、無線で呼び出されると皆に聞かれているので「５５５で会おう」などという言い方をする。私は、夕食は自分で作ることが多いので夜は何かのパーティーやライブ・イベントの時に寄る程度だが、仕事で疲れきった時に、ここから山を見ながらビールを飲むのがいい。時々開かれるディスコパーティーは、ドゥシャンベでは他に和やかに過ごせる場所がないことも手伝って、ほかの国連機関やＮＧＯなど在留外国人が大勢集まっていつも大盛況である。特に踊りが好きなタジク人の女性スタッフのダンスはプロも顔負けという華やかさと色っぽさでかなり盛りあがる。その他、

マウンテンビュウ・カフェ　1

マウンテンビュウ・カフェ　2

ここでは時々ロックやジャズの生バンド、室内オーケストラ、オペラ歌手なども呼んでいる。結構質の高い芸術を一人5ドル程度でグラスを傾けながら楽しめる。まるで自分の家の居間にでもいるようにツバが掛かりそうな距離で洗練された芸術を楽しめるのは、旧ソビエト連邦の国ならではだろう。

◆ドゥシャンベの町

首都ドゥシャンベは、標高が850mで、北側を遮るギサール山脈を源として南西に流れるバルゾブ川（ドゥシャンブリンカ川）と東側から流れ込んで南に抜けるソルバ川（カフィルニンガン川）がつくる扇状地状盆地である。町は、バルゾブ川をはさんで北東側が国会議事堂、大統領府、官庁、鉄道の駅や商店が多いドゥシャンベの中心地で、橋を渡った南西側には工場が多く、それにともなって建てられただいぶ古くなった4〜5階建ての集合住宅が並び、所々にバザールがある工業・住宅地域である。この町は、多分ソ連時代に中央計画政策のもとに他の中央アジアの国と一緒につくられた町だと思われる。町並みから商店の構え、建物の感じまでタシケントにとてもよく似ている。市街地の主要道路は幅広く歩道もたっぷり取ってあり、20mはあろうと思われる高い街路樹に覆われている。樹木に覆われた広い公園が街中にあることに加え建物が密集していないので、町全体がスカスカでさっぱりとした公園のようではあるが、ここが中心という掴みどころがない町である。しいて言えば、町を南北に走り抜ける主要道路ルダキ通りの大統領府から国会議事堂前を東に折れてドゥシャンベ・ホテルのあるアイニ通りまでのおよそ1㎞が人込みの多いところのように見える。車もルダキ通りとそこに交差する通りが比較的多く、それ以外のところでは広い道路の割に車はほとんど走っていない。市内の主要な通りには公共交通機関としてトロリーバスとバスがあり、それを補完するようにミニバス（乗車一回100円換算）がたくさん走っている。自家用車はほとんどがロシア製のラダかボルガで、たまにベンツ、BMW、アウディなどを見る程度で、車の量はバスを全部合わせると自家用車よりも多いように見える。ちなみに国連の車は全部白地に大きく「UN」と書かれており、一部古いランドローバーが1台あるだけで、ほとんどがトヨタのランドクルーザーか4ランナーなどの日本製である。

首都の人口は約50万～60万人といわれている。ほとんどの人達が回教徒だが、ソ連時代にすべての宗教活動が姿を消しているので残っているのはロシア語化したイスラム系の名前だけのようである。タジキスタン人は顔つきからして大まかに二つの人種系統からなっているように見える。眉が濃くたくましい鼻と角張った顔のトルコ人やアフガン人といった、いわゆるタジク系の人達が大部分を占め、すきとおるような白い肌で金髪のロシア系とその混血の人達が15％はいると思われる。タジク系の女性はどことなく日本人にも似ているが、眉毛が濃く目鼻立ちははっきりとして彫りが深く、敢えて言えば石原真理子風の美人が多い。後になって気がついたのは、女性の眉毛は濃いうえに子供のときから真一文字に黒々と眉墨を入れる人が多いことである。ここでは若い女の子達がすれ違うときに目をそらさないのがいい。この国のロシア系の女性はなぜか極端に太ってはいない。特に若い人は小顔ですらっとして背が高く、まるで歩くバービー人形を見ているようである。町を歩いている人達はこざっぱりした外見で、特に若い人達は流行のファッションに包まれているのが目につく。一方、既婚の女性は今も足元まであるゆったりとしたワンピース風スカートの下に刺繍入りのズボンを履くというタジクの民族衣装の人が多い。スカート生地も独特で赤、紫、緑、黄色といった原色の絣模様や花柄に金糸銀糸がほどこしてある。男性はほとんどが洋服・背広という格好をしているが、たまに田舎から出てきたと思われる年寄りが、たっぷりとした口ひげにチャルマサラと呼ばれるターバンを頭に巻いて、綿入り半纏という感じの上着に帯を締め、つま先がとがったブーツという、いかにも中央アジア人というスタイルで町を歩いているのを見るが、一度は写真に収めたいと思っている。もう日本ではほとんど見かけなくなった金歯の人が多いのも目立つ。

町のあちこちに市場がある。中でもUNDPの裏にあたるグリーンバザールはドゥシャンベでは最も大きな市場であり雑然として汚いが、一日中活気にあふれている。ここは町なかのバザールなので主に生鮮野菜、果実、鮮肉、食料品、家庭用品、雑貨、衣料品が多く、家具や電気製品などはない。郊外や地方都市のバザールに行くと何でも売っていて、それこそ中古品からまったく使いようのない何かの部品まで何でも地べたに広げて一日中待っているのである。バザールは、屋根に覆われたところに高さ1m、幅1mで長さが10mくらいのコンクリートの台が何列も並んでいて、一人が約50㎝から1・5mくらいの幅を占めて、それぞれ野菜、果実、肉製品、乳製品、加工食品、乾物などを売る人達が大まかにコーナーを作って売っているのである。ここからはみ出して地べたに直接ものを広げている人達も同数くらいおり、その間をぬって買ったものを運ぶ一輪車とプラスチックのショッピングバッグを売る子供達があふれているので、なおさら雑然としているのである。大体何でもあることはあるのであるが、逆に自分が欲しい特別な物をここでさがすとなると至難の業である。また子供がたむろしていて物乞いをするだけでなくスリもやるので気が抜けない。実はバザール通いも慣れてきたころ、換金したばかりの、輪ゴムでとめてあった札束3万タジクルーブル（約20ドル）をちょっと気を許した隙にここであっという間にやられ、自分の間抜けさに呆れてその日はかなり気分が落ち込んだものである。

毎日の通勤路にあたるルダキ通りのホテル・タジキスタンとソモニ広場の間にレニンパーク（後にセントラルパークと改称された）という大きな公園がある。ここにはちょっとした電動遊具、野外イベント場、小さなサッカー場などがあり、週末にはたくさんの家族連れでにぎ

ドゥシャンベのバザール

ドゥシャンベの町はシャシュリクの煙

わっている。高く茂った樹木の日陰にはシャシュリクとプロフを食べさせる野外の店があちこちにテーブルと椅子を出しており、公園中にシャシュリクの煙と匂いが漂っている。タシケントでもそうだったが、週末は一日中、ウィークデイも昼時にはいつも「ドゥシャンベの町はシャシュリクの煙」といった風情なのだ。こういうとなんだかとても平和で、いつ何処から鉄砲の弾が飛んでくるか分からないといった国連平和維持活動の緊張感はいったい何処にあるのだと思われるかもしれない。カラシニコフ自動小銃を抱えた迷彩戦闘服の兵士や武装した警官もいることはいるのだが、実際、昼間のドゥシャンベは静かで、まさにのどかそのものなのだ。しかし夜になると雰囲気は一変して、夕暮れを過ぎればもう人影もほとんどなく薄気味悪いほど静まり返って、角々に立って銃を抱えた警備警官だけが何となく緊張感を作り出している。

まだ着任間もないころのある晩、滞在先のホテル・タジキスタンの自室でニューヨークの友人に手紙を書いていた。紛争状態とはいえドゥシャンベはなかなか静かでのんびりとしており国連の停戦監視などはウソのようですと書いているときに、突然遠くで銃声を聞き、思わず書き直して一人で苦笑いしたものである。市内では週に1～2回、夜中に銃声や爆発音を聞き、翌日、朝のブリーフィングで何人殺されたとかいう報告が警備主任からある。しかしこれらの事件は政治的対立よりも犯罪によるものが多い。実際ここの国連スタッフをタシケントに避難させ、いつ撃ち合いが始まるか分からないという張り詰めた時期があったのだが、現在のところ和平交渉は一進一退というスローテンポながら確実に決着に向かっている時期なので、一触即発の緊張感はないといえる。ただし、地方では和平交渉の対立が絡んで政府治安部隊と反政府勢力の衝突があり、常に何人かの死傷者が報告されているので絶対に安全ということはない。

◆安全で快適なアパート

ドゥシャンベに到着して一週間もしないうちに、警備課からUNMOTスタッフに緊急警告が出て、テロの情報があるので公共の場所、特にレストランやホテルには出入りしないようにとのこと。したがって、ホテルに滞在している者はすぐにアパートを決めて移るよう、ほとんど命令に近い指示を受けた。先進国の常識では、ホテルは設備も整って警備もしっかりしているので最も安全な所と思っているのでホテルよりアパートが安全というのは解せない。とにかくファッション雑誌から抜け出たかと思うようなロシア系美人の不動産エージェント二人に連れられて、すでに10件ぐらいのアパートを見ていたが、これというのがない。大体3LDKが多く、家賃は家具・寝室・台所用品付きで月額150ドルから500ドル。ソ連時代に建てられた集合住宅は皆古いが、アパートの質としては部屋の広さ、建てつけ、水洗トイレ、給湯など欧米の水準を満たしているように見える。これらのアパートは他の途上国と違って外国人用に建てられたものではないけれど外国人に貸すとドルが現金で入るので、ちょっとお金のある人は内装を新しくして外国人に貸そうとするのである。ちなみに、この国の平均月給は15ドルそこそこである。ただ紛争状態ということもあり外国人の数が限られているから、完全に借り手市場である。私は自分で料理をするので台所の機能性と清潔さは重要である。基本的な問題は、ほとんどのアパートが寝室と居間にはお金をかけているが、バス・トイレとキッチンにはあまり注意を払っていないことである。これはある意味で、この国の女性の地位を表しているのかもしれない。警備課にせっつかれて大急ぎで引っ越した最初のアパートは、１８０kgの荷物を全部広げてから顔を洗う段になって、バスルームに流しが付いていないことが分かり、次の日にはまた１８０kgの荷物を詰めなおして、今のアパートに移ったのである。

不動産エージェント

　このアパートは１ＬＤＫで、家賃が２００ドルである。ホテル・タジキスタンやレニンパークの近くで主要道路のルダキ通りに面しており、ＵＮＭＯＴまで歩いて10分足らず、警備課からいわれた安全居住地域の真ん中である。家主は政府の仕事をリタイアした中年婦人である。娘は眼科医インターンとかだが、月40ドルで掃除、洗濯、台所の洗い物をやってくれる。ここは家主が女性のせいか、こぎれいで使いやすくとても気に入っている。ＰＫＯはすべて単身赴任のため、ここに来て本格的単身生活を始めることになったが、20年前に結婚して初めてのことである。まずアパートは1寝室、リビングにダイニングキッチンだからこれより小さなものはないのだが、長い間家族４人でのニューヨークのアパート生活に慣れていたせいか旧ソ連基準の居住空間は広すぎて最初はとても落ち着かないというか、一人でこれだけのスペースを占めていることに罪悪感さえ覚えたものである。

　また家を離れたからといっても精神的に解放されることはないが、結婚して以来今まで一度もなかった自分の時間を本当に自分の自由に使えることが、ここに来て見つけたいことの一つである。楽しみは、ニューヨークにいる時に聴く時間もないのに買うだけは買っていたＣＤを一人でゆっくり聴けることである。休みの日の朝はコーヒーを飲みながらのバイオリンかショパンがいい、夜中はジャズ・ピアノを聴きながら一人でグラスを傾けるのがいい、至高のときである。冬の寒い晩に、加藤登紀子の『ひとり寝の子守唄』などを聴くと変にセンチメンタルになる。料理も自分の好きな時に好きなものを作ればいいし、作らなくてもいいのである。これまでのようにいつも家族や誰か他の人のために生きていくのも悪くはないが、こうして毎日自由な自分の都合だけの生活をするのは病み付きになるかもしれない。特に夜はＵＮＭＯＴが定めた夜間外出禁止令（カーフュー）もあり外出することもなく、これといってやることがないのでこまめに日記をつけているが、これをもとに本を書くことにしたほどである。

私の部屋の隣には小さな子供が４人もいるちょっと小太りのタジク人の中年婦人（といっても実際は私よりはるかに若いかもしれないが）とその妹というのが一緒に住んでいるが、亭主と思われる男は見たことがない。とても気風のいい女性で、お祝い事や祝日になるとタジクの伝統的な料理を作り、私のところにも必ずお裾分けがある。初めてタジクの料理をもらった時はどういうお返しをすればいいのか分からず、オフィスのセクレタリーに聞いたところ、やはりタジク人も日本と同じで空の食器を無下に返すことはしないそうで、お菓子とか果物とかを入れて返すのが習慣らしい。私もお返しに日本的な土産やニューヨークから持ってきたものなどを渡してきたが、一度は鶏の照り焼きを作って返したこともある。

残念ながらこの人もタジク語しか話せないので意思の疎通は身振り手振りだけ。ある日、昼休みに用事でうちに戻ると、引きとめられてビデオのカセットを見せながら来い来いと言ってうちの中に呼び入れようとする。多分面白いビデオが手に入ったので見て行けと言っているのかと思い、まだ仕事中だから後でと言って出ようとすると、それでも来いと言って腕を掴まれて引っ張り込まれてしまった。おろおろしながら入っていくと広い居間に同年配の女性ばかり20人くらいが車座になって飲み食いしており、みな一様に、にこにこしながら私を迎えるではないか。これはえらいところに来てしまったと思いながら隣の女主人を見るとビデオレコーダーを示しながらカセットを入れていろいろボタンを押してみせるが映らない。要するに、日本人のお前なら分かるだろうからビデオを何とか映るようにしてくれということのようで、少しほっとしながらチェックしてみると、テレビのチャンネルは再生チャンネルになっていたがVCR側が再生チャンネルになっていなかっただけのことである。生まれたばかりの赤ん坊を抱いている場面が映っていた。これはどうもこの赤ん坊の出産祝いのようだ。無罪放免で帰ろうとすると、今度は一緒に食っていけと言われたが、これだけの数の女性の中で一人も言葉が分かる人がいないのでは、拷問に等しいので作り笑いしながら丁重に断って出る。

◆単身生活の安全と健康管理

アパートを選ぶ際に警備課からくどくどと言われたことは、地上階はできるだけ避け二階以上にある部屋であること、ドアは鉄製の二重ドアで一つのドアには必ず二つ以上のロックが掛かることであるが、電話もあり全部クリアしている。同時に、UN関係者は全員無線機を渡されているし事前に電話もかけられるはずだから、自分が確認できない人がドアをノックしても絶対に開けてはいけないことを重々言われる。最初はなぜこれほど警備に気を遣うのかあまり実感がなかったが、一つにはUNMOTや国連に限らず外国人を狙ったテロや人質誘拐の情報が少なからずあることに加え、1998年8月には特別代表のボディガードが自宅アパートで死んでいるのが発見されるという事件があったためである。彼が拳銃でこめかみを撃ち抜かれて死んでいたのを訪ねてきたガールフレンドが見つけ、そばにあった無線機で泣き叫びながら助けを求めたという。同じアパートにいたUNMOTの文民警察官が最初に駆けつけ現場を確認している。政府当局の発表では自殺、国連の捜査チームは殺人の可能性を主張したが、平行線のまま落着してしまったらしい。

この話と関連しているのだが、アパートの単身生活というのはある意味で完全に隔離された世界である。これは各個人の性格にもよるが、通常言葉の障害があるので隣近所のタジク人家族との付き合いはまずない。また、同居する相手がいる場合は別だが、同僚がアパートを訪れるのはパーティーで呼ばれるとき以外はほとんどないといえる。職場では忙しくし、親しく同僚と談笑し、しばしば連れ立って外食にも出かけるが、アパートに戻ると一人きりになる人は多い。腹をこわしたり風邪をひいたりするなど、時に体が不調なことがある。そんな時ふと頭をよぎるのが、もしこのまま目が覚めなかったらとか、あるいは電話もかけられないほど身動きができなくなったら、さらに強盗に入られて瀕死の重傷を負ったら、何時誰かが気がついて助けに来てくれるのだろうかという不安である。これはUNMOTの誰もが一度ならず考えることである。これはこのUNMOTの話ではないが、同僚によると、ある電話技師がちょっと気分が悪いと言って早退したのが金曜日の午後であった。月曜日になっても彼が出てこないので心配した同僚が彼のアパートに行ってみたところベッドの中で冷たくなっていたというのである。マラリアだった。運悪く週末だったため三日間、誰も気がつかなかったのである。ただし、UNMOTの場合は毎晩10時のラジオ・チェック（無線による点呼）があり、土曜と日曜日には朝11時のチェックもあるので、誰も気がつかないということはないのが救いではある。だからこのようなミッションでは常々親しくしてお互い心配し合うような友人を持つことは身を助けることになり非常に大切であろう。UNMOTの同僚は、ある日突然高熱と下痢に襲われたが、たまたまタジク人のガールフレンドが訪ねてきてくれ三日三晩看病をしてくれたので本当に助かったと、しみじみと言っていたのを聞いたことがある。これは事情が許せば、なかなか頼りになる方法ではないか。

いずれにせよ、PKOミッションで重要なことは、自分の安全は基本的に自分で守らなければならないし、自分の健康も自分で守るしかないということである。さらに言えば、ある状況の中で生きるか死ぬかの分かれ目というのは、各人のその時々の本能的行動によって分かれてしまうのであり、経験や判断力も運命に大きく作用するが、それ以前に自身の生命力というか生存本能のような、かなり生まれついたもののように思える。

ついでに、私の長年にわたる途上国駐在経験を通して、医者以前の健康保持に関する個人的経験則があり、家族の子供達にも口うるさく言ってきたことが次の通りである。

◆怪我について：

✓小さな怪我も大きな怪我も化膿させないことが重要。そのためには怪我の直後に傷口の異物を丁寧に取り除き、よく洗浄消毒する。消毒はアルコールやヨードチンキが殺菌効果が高いが、流水でも充分である。

✓切り傷も擦り傷も消毒後、傷口を清潔に保っておけば自然に治るので、特別な薬はいらない。ただし抗生物質軟膏は雑菌などによる化膿を防ぐ効果がある。

✓傷口はできるだけ乾燥させるようにし不必要に傷口を覆わない。出血がひどい時の止血や骨折の時の固定包帯はやむを得ない。

✓化膿してしまった場合は、抗生物質入りの軟膏がよく効く。

✓渡航前に破傷風と狂犬病の予防接種を受けておく。

✓爪はいつも短く切っておく。旅行する時など重い荷物を扱うことが多いので爪をはがしたりしやすいし、食前に手を洗っても爪の中のばい菌までは落とせない。

◆風邪について：

✓毎回（特に夜）歯磨きの後のうがいは、できるだけ喉ぼとけの奥まで洗い流すように少なくとも3回は繰り返すこと。風邪は喉の粘膜から罹るので、これをやっていればまず罹らない。喉がイガイガしたり鼻がズルズルしそうになっても、経験上このうがいを続ければ悪くならないですむことが多い。

✓もし罹ってしまったらビタミンCをとり、うまい物を食って休むのがいい。

✓熱があるときはニンニクを5〜6個フライパンで黒焼きにして食え。汗をかいて熱を下げる効果がある。体が動かせるぐらいの時は運動をして汗をかいてから熱い風呂かホットシャワーを浴びてすぐに寝るのもいい。この場合は、必ず寝ないと体力を落とすだけなので効果がない。

✓セキと鼻づまりにはヴェポラップ軟膏を胸に塗るとすっとおさまる。

✓任地における食糧事情で食べ物の片寄りが避けられない時は定期的に総合ビタミン剤をとるといい。

◆下痢について：

✓任地に着いたばかりの時は必ず下痢をするから、なま物、なま野菜、水道の水、氷、いつ調理したかわからない食べ物などはとらない。反対に煮たもの、焼いたもの、熱を通したものでも熱いままの料理、皮をむいて食べるフルーツなどは心配がない。
✓これは大丈夫かと不安に思ったものは食べない。不安な時は心と胃が対応して吐いたり下痢をしたりするものである。
✓医学的根拠はないが、辛いもの好きの人は腹をこわさない。
✓何か食べた後で急に胃がムカムカしたり腹がグルグルいいはじめたら、すぐに正露丸を4〜5錠まとめて飲む。普通のバクテリアによる下痢は正露丸を2〜3回続けて飲めばおさまる。悪性の下痢に注意。
✓下痢の時は何も食わないでただ我慢。ただし水は飲め。
✓いきなり水のようなひどい下痢で正露丸では効かない時は、コレラとか赤痢など感染症の心配があるので、できるだけ早く医者に見せる。自己判断でむやみに抗生物質をとらない。
✓下痢と発熱が一緒にある場合は要注意、必ず医者に行く。

◆排便について
✓便は健康のバロメーターであるから排便後は漫然と流すようなことはせず、色、硬さ、臭い、内容物などをよく観察するとからだの異常がわかる。
✓下痢や嘔吐は毒素を排泄する消化器の浄化作用であるから出るものは全部出してしまう。むやみに薬で止めない（正露丸は下痢止めではない）。

✓食事を定時に取るようにすると便通も定時にあるので、地方に出る時など計画的に行動できる。反面、適当なトイレなどがないような所に行くと心と体が対応して3日間ぐらいは排便を催さないこともある。

✓通常の食欲があって体重が減る時は寄生虫の疑いあり、要検査。便の内容物を観るとき寄生虫の有無にも注意する。

✓よく水を飲み排尿・発汗することは、体の浄化作用をさかんにする。

✓精力を含め定期的に排泄することは精神衛生上もいい。

以上は私的な経験則であって医学的な根拠にもとづいているわけではない。これを守って死んだからといっても責任は負えないので、自分自身が生き延びるための原則を持つことを勧める。

◆無線による点呼：命の綱「ラジオ・チェック」

特別代表をはじめすべてUNMOTのスタッフは着任するとすぐに携帯無線機を渡される。これは市内電話回線やUNMOTの内線が限られていることから通常スタッフ同士の呼び出し・連絡に使われているが、非常連絡時に特に威力を発揮するのである。政情が不安定なミッション生活で夜はアパートにたった一人でいるけれど無線機で本部とつながっており、何かあっても仲間が聞いていてくれるという安心感のもとが、この無線機なのである。大事な命の綱であるこの無線機、モトローラ製なのであるが、かなり頑丈にできており相当乱暴な扱いにも耐える。ある朝、現地事務所出張で国連機に乗るため急いでアパートを出たとき腰に差していた無線機が外れて落ちた。私のアパートは事実上4階の高さがある。階段には隙間があり、無線機はそこから滑り落ちてコンクリートの地上を直撃した。これはもう使用には耐えまいとあきらめて恐る恐る拾い上げてみるとゴムで覆われたアンテナから落ちたのかプラスチックのケースにはひび割れさえ見られない。しかし如何せん精密機械であるから交信は無理だろうと思ったが、念のため車の無線機に向かって発信してみるとちゃんと働いているではないか。まったく丈夫で頼りになる奴である。

無線通信は基本的に片道の相互交信であり、百台の無線機があっても原則として一時に一人しかしゃべることができないけれど、一時に全員が聞くことができる。ただし複数のチャンネルが目的別に割り当てられているので、チャンネルが違えば同時に別な交信をすることは可能である。通常は全員が呼び出し用チャンネルに合わせておき、呼び出してから交信用のチャンネルに移り会話をするようになっている。また交信を明瞭にするために無線通信には特別な約束事がある。独特の表現としては、「YES, NO」の代わりに「AFFIRMATIVE（肯定), NEGATIVE（否定)」と言ったり、聞こえてますか?「HOW DO YOU HEAR ME?」と言う代わりに「HOW DO YOU READ ME?」と言ったりする。「了解」は「ROGER」、「どうぞ」は「OVER」、「以上終わり」が「OUT」などである。

それぞれのスタッフにはコールサインが与えられ、呼び出しは名前ではなくコールサインで呼ばれる。アルファベットはそのまま読まず、無線通信専用の特別コードで「A」はALFA、「B」はBRAVO、「C」はCHARLIEなどと決まった単語に置き換えて言うのである。

ちなみに私のコールサインは最初「CH－1」だったので、無線では「CHARLIE HOTEL ONE」と呼び出される。その後、「CC－1」CHARLIE CHARLIE ONE、さらに「CO」CHARLIE OSCARとなったが、最初の「C」は民政部「Civil Affairs」で、「H」は人道「Humanitarian」、数字は席次を示している。2番目の「C」は総括「Coordinator」の「C」だったが、民政部長の「C－1」と紛らわしいので取りやめ、「CO」となった。「O」は現地事務所「Outstation」、現地事務所民政官は「CO－1」から「CO－8」まである。

停戦監視ミッションは非常体制なのでスタッフの安全確認のために夜はカーフュー（外出禁止）の開始時間にラジオ・チェックと呼ばれる無線による点呼がある。点呼とはいっても一応無線機の送受信状態をチェックすることになっているので、「CH－1」は「CHARLIE HOTEL ONE, RADIO CHECK, OVER?」と呼ばれると「CHARLIE HOTEL ONE, RADIO LOUD AND CLEAR, OUT」と応えるだけである。このラジオ・チェックは特別代表に始まって順々に呼ばれるのであるが、初めての時というのは慣れないとなかなか無線機に向かって話すということが不自然で気後れしてしまい、スムースに言えるようになるまでに結構時間がかかるものである。私は初めての時、何回か口の中で繰り返してから、じっと無線機とにらめっこしながら順番を待っていたが、その晩は呼ばれずに通りすぎてしまった。次のときは呼吸を合わせながら送信のタイミングをはかって緊張気味に返事をしたら、送信ボタンを押し忘れていて伝わらず、もう一度呼び出されて気がつき、ようやく応答を完了したというわけである。

無線用語に「HELLO（もしもし）」という呼び出し言葉はないのだが、新任の特別代表が秘書を呼び出す時に「HELLO」と言った時は何となく間が抜けていて、応答した秘書も面食らっているのが手にとるように分かり、一緒に聞いていた同僚と大笑いしたものである。

ラジオ・チェックは、たった一言の応答だけで余計なことは言わないことになっているのだが、それでも言葉の抑揚や発音、それに声の質などがそれぞれに独特でコールサインを聞かなくても声だけで誰だか分かるようになる。だから誰かが出張や休暇でいなかったり、あるいは無線機のスイッチの入れ忘れなどで返事がなかったりすると、とても気がかりなのである。これは一種の習慣になっており、自分が休暇中でラジオ・チェックがなくなっても仲間の声が聞けないと何となく忘れ物をしたようで寂しいものである。そして自分がミッションを去る最後の晩のラジオ・チェックだけは誰もがルールに反し、「これが最後のラジオ・チェックになりました、UNMOTではいろいろお世話になりありがとう、またどこかのミッションで会いましょう」などという別れのメッセージを伝え、それを皆がしんみりと聞いているのである。

◆国連ミッション専用機

多くの国連平和維持活動のミッションは、紛争地のため通常の民間航空サービスもないことが多く、遠隔地での活動を支援するために大体ミッション専用機を持っている。といっても飛行機は国連が自前で持つには高価なうえ、維持管理には多くの技術者と莫大な費用がかかるので民間の会社や軍隊と飛行機持ち込みのサービス契約をし、国連が運行管理だけをすることが多い。空輸課の仕事は運行管理と輸送管理に分かれている。運行管理班は運行スケジュールの設定と目的地での離発着に関する手続きをし、輸送管理班が貨物と人員の輸送手続きを担

UNMOT ミッション専用機

当している。UNMOTスタッフが国連機を利用する場合、MOP（Movement of Personnel）という書類に必要事項を記入し許可をもらうことになっているのであるが、MOPは飛行機に限らずUNMOTスタッフが車両で陸路を移動するときにも必要で、これによって安全のためスタッフの業務上の行動を管理している。飛行機は総称して「エアクラフト」と呼ばれ、ヘリコプターが「回転翼機」といわれるのに対し通常の飛行機は「固定翼機」と呼ばれている。UNMOTのエアクラフトはロシア製固定翼機アントノフ26が1機とやはりロシア製の回転翼機1機がある。アントノフは双発ターボプロップの小型輸送機で、人員輸送のためには跳ね上げ式のベンチシートが装備されているので両側向かい合わせて28人が座れるが、背当てなどはない。この飛行機は、乗降や貨物の搬入のために尾翼の下部が全開するようになっており、貨物だけだと4駆車2台がぴったり納まる広さがある。クルーはウクライナ人で機長、副機長、ナビゲーター、フライト・エンジニア、ロード・マネージャーの5人からなっている。ヘリコプターも輸送機仕様で、座席もアントノフと同様なベンチシートに18人が座れる。クルーはこちらもウクライナ人で機長とフライト・エンジニアの二人だけで飛ぶ。

アントノフは主に国外ルート、ヘリは国内ルートだけに使われている。両機とも常時ドゥシャンベ空港に駐機しており、国連関係者は空港施設を通過せずにUNMOTの車で駐機場所に行き直接乗り込む。国外便の場合は空港の出入国管理官が国連機まで来て乗客員の確認をし、パスポートやレセパセを集めていきスタンプを押して返してくれる。ドゥシャンベ空港は、最近外装の改修が終わって外見はだいぶよくなったが、チェックインから搭乗までの設備は前近代的で非効率である。この設備を通過するだけで少なくとも1時間はかかるので国連機への直接乗り込みの便宜は非常に有効でありがたい。タジク航空の国際便は、モスクワ、サマラ（モスクワ）、カザフスタンのアルマティ、中東のドバイ、カラチ、ニューデリーだけだったが最近フランクフルト便が開設されヨーロッパ方面が便利になった。タジク航空で旅行する場合、外国人は一応「インツーリスト」という特別な扱いを受け、一般の乗客とは別な場所を通る。これは外国人に対する便宜であると同時に、ソ連時代に導入された旧共産圏における外国人の行動管理の名残でもある。

国連機の国外定期便はタシケント、アルマティとドバイである。ただし特別代表の緊急出張など必要に応じ何処にでも飛んでいく。タジキスタンからヨーロッパやアジア方面に旅行するには隣国ウズベキスタンのタシケントが中継拠点で便利なのであるが、国交問題のためウズベキスタンとタジキスタンの間には民間航空路がないので、週1便、アントノフがタシケントを往復している。毎週金曜日の午後4時にドゥシャンベを発ち、翌日土曜日の午後5時に戻る。アルマティには月1回の運行である。これはUNMOTの取引銀行がアルマティにあり、スタッフの給料や現地経費1カ月分をキャッシュで取りに行くためにある。UNMOTの経理課員1人に警備官2人が同行するのだが、行きは休暇気分で行っても帰りは真剣そのものである。銀行から受け取った現金は警備会社の武装警備員が乗った現金輸送車で運ばれ国連機の下に横づけされ、現金が積み込まれるとすぐに離陸する。3カ月に1度のドバイ便はサプライ・フライトと呼ばれ、UNMOT購買課の買い出し便である。片道8時間の飛行で午後3時半にドバイ着、用事を済ませて翌日9時には発ってドゥシャンベに戻る。この他パキスタンのイスラマバードにある国連人道問題調整事務所（UNOCHA）が運行する飛行機によってドゥシャンベはイスラマバードとも結ばれている。

ヘリは山岳高地が多いタジキスタンでは何処にでも飛んで行け、固定翼機より気象変化にも強いので頼りになる輸送機関である。しかし航続距離が固定翼機より短いことと飛行費用が2倍近くかかるのでコスト高により、出動機会はアントノフよりも少ない。ちなみに空輸課の情報によると、アントノフの1時間あたりの飛行直接費用は980ドルであるのに対し、ヘリは1800ドルである。これにクルーの日当、離着陸にかかる空港手数料、駐機料などを合わせると片道1時間のタシケント便は1回の往復で合計5千ドルになるということだ。この国連機の利用は、UNMOTスタッフは公用、休暇にかかわらず無料であるが、他の国連機関職員や外交官など外部の利用は有料であり、タシケントの場合、往復260ドルとかなり高いようだ。

◆休養地：タシケント

国交問題のためタシケントとドゥシャンベを結ぶ民間の飛行便がないため国連機が週1便タシケントを往復していることは既に述べた。金曜日の午後ドゥシャンベを出て土曜日の午後に帰ってくるこの便はUNMOTスタッフがヨーロッパからの出入りのために使うだけでなく、一時帰国や休暇旅行のための航空券の予約購入、その他買い出しや休養のためタシケントに行き一晩過ごすことも認められているので皆がよく使う。ドゥシャンベに住んでいるとタシケントは、買い物だけでなくレストランや娯楽など何でもある別天地なのである。私の着任時にニューヨークから来て飛行機連絡の手違いで数日間を過ごしたときは、特にこれといって楽しみもないこの町は2日間もいれば充分だと思っていたが、2カ月もドゥシャンベで生活すると皆が競ってタシケントに行くようになるのである。そして初めてタシケントに戻ったときは何と大きくて近代的な町だろうと感激したものである。

他にいいホテルがないわけではないが、UNMOTのスタッフは必ずといっていいほどタシケントに行くと「タシケント・ホテル」に泊まる。私が初めてたどり着いたとき、あれほど幻滅したホテルである。その理由はまず、タシケント・ホテルの従業員は例外なく愛想が悪いし、設備も古くて壊れているけれど、支払いが現地貨で済むことであろう（この有り難い扱いも2000年3月からドル払いしかできなくなったが）。換金証の提示を求めるわけでもないので、ブラック・マーケットで換金して払うと3分の1で済んでしまうのである。つまり25ドルのこのホテルの部屋に一晩泊まっても8ドル余りを払えばいいのである。しかも公式両替窓口から5mも離れていないホテル内の売店で無造作に両替してくれるので手軽である。次の理由は、UNMOTは以前何度かドゥシャンベから緊急避難した時に全員がこのホテルに長期滞在しているので受付をはじめほとんどの従業員とは顔見知りである。愛想は悪くても長期滞在して顔見知りになるとやはり人情で、それなりの心の結びつきができるのである。その次が買い物と食事に便利なところにあるということがある。近くにスムと呼ばれるソ連時代からのデパートがあり、他にもトルコや韓国資本が作ったスーパーやファストフードの店が立ち並び、買い出しにはとても便利である。それだけでなく、やはりタジキスタンで単身生活をする男達には気の利いたエンターテインメントが必要なのであるが、近くにはフロアショウもある「エミール」という高級レストランがあり、そこへ行ってしゃれた料理に酒をたらふく飲みながらフロアショウを見るのが一つのコースになっているほどである。男ばかりで行っても、バーで飲んでいる若い女性だけのグループに声をかければほとんどの場合、一緒に座って飲んでくれる。その後、若者達は「ダッチクラブ」というディスコにくりだし、ほとんど明け方まで帰ってこない。とにかく金曜日の夜「エミール」に行けば必ずUNMOTのスタッフに会えるのである。

ここまでは、初めてタシケントに着いたときに自分で市内探索した範囲をあまり超えていないのであるが、その後タシケント在住の大使館スタッフから新たな情報を得て、またタシケントに行く楽しみが広がった。その一つは、タシケントには韓国ビジネスの進出にともなって出来た美味しい韓国レストランが何軒もあることが分かり、行くたびに新しいところで美味いものを腹いっぱい食べるのが楽しみである。そもそも日本料理というのは寿司、刺身、鰻、麺類などを除くと外国で何とかあれが食いたいというものはあまりないが、韓国料理というのはキムチや焼肉をはじめとして個性の強いものが多く久しぶりに食べるとえらく感激するものである。その次は、なんといってもカラオケであろう。実は20年以上も外国生活をして日本のカラオケ文化にはほとんど接したことがなかったが、時折帰国した際に友人と行ったバーで他の客の素人ばなれした歌を聞かされ気後れするばかりで歌うことはなかった。既に日本ではカラオケが下火になったころ国連職員の若手が中心にニューヨークにもできたカラオケに行くようになり、ようやく歌う決心がついたところであった。だからタシケントでカラオケに誘われたときは喜んで付いて行くことにしたのである。タシケントで日本の歌が歌えるのはすべて韓国系らしい。システムも韓国風ということなのだろうか、韓国のカラオケに行ったことがないので分からないが、そんなことはどうでもいい。とにかく日本やニューヨークのようにただ歌いに行くというわけではなく、要するに個室カラオケルームで付きっきりのサービスをしてくれるウズベク人やロシア系の美人ホステスがいて、歌うときの選曲から食べ物、飲み物の世話までかいがいしくやってくれるだけでなくダンスの相手もしてくれるのである。もちろんタジキスタンにはそういうところがないし、ニューヨークでもそんなところにはついぞ出入りしたことはない。そういえば、ずいぶん昔行った日本のクラブやキャバレーは個室ではないが、雰囲気としては似ていないこともない。いずれにせよ化粧をし香水の香りをただよわせているホステスのサービスを受けることなど久しぶりのことで年甲斐もなく天にも舞い上がる気持ちで何を歌ったかの記憶もない。この幸福感というのはドゥシャンベに戻ってもまだ続き、まったく竜宮城から帰った浦島太郎の心境がよく理解できるとしみじみ感じたものである。ただ、禁断の玉手箱はもらっていない。

◆人間ピースキーパーさまざま

ＰＫＯミッションにいると本当に様々な人間に出会う。タジキスタンＰＫＯは軍事監視官、民政官、業務管理要員と現地職員からなっているが、それぞれに職業的特徴があるのが面白い。軍事要員の場合は政府方針によって来ているので手当以外にＰＫＯを選ぶ特別な事情はないが、民政部門と業務管理部門のシビリアン・ピースキーパーの場合はＰＫＯを仕事に選んだ様々な事情を反映していろいろな人間がいる。特にシビリアン・ピースキーパーは、紛争地における危険度、不健康地、単身勤務、限定的・暫定的契約で国連のキャリア体系に含まれないなどの条件が、様々な事情を持った有能な人達を集め、特別な国連スタッフのカテゴリーを生み出しているのである。

まず始めに挙げなければならないのは、民政官で平和維持活動という国連の理想に燃える人達である。これは30歳台半ばまでの若いスタッフに多く、40歳を過ぎるとこの部類に入る人はあまりいない。この人達の中には国連機関からの若い出向者も含まれるが、多くの場合は国連本体に応募したが限られたポストのためミッションのポストを受け入れざるを得なかったという背景がある。大学での専攻も、予防外交、紛争処理、国際政治、人権、人道、社会開発などが多くPKOの経験をキャリアの一部と考えており、専門分野以外の経験はあまりないが有能である。このタイプの有能な人は国際NGOの中にも多い。仕事上の議論をしても興味深い議論を展開するし、国連のキャリアについても真剣に相談してくるのでロシア製の強いビール、バルティカ9を飲みながら夜中まで話し込むこともしばしばある。しかしPKOミッションは国連本部と違い現場仕事なので、すべての民政官がいつもミッションの中枢で知的な仕事をしているわけではない。若いスタッフは現場で体を張った情報収集や資料集めだけでなく部内の雑用も多いので批判や不満が多いが、ミッションでの経験を通して逞しい国連スタッフになる希望の星である。ただミッションにおける問題は、この理想に燃えてPKOに飛び込んだ若者を育てていくという余裕も、その配慮を持った上司もいないのでミッションだけを渡り歩いていると自信過剰で独善的な、いわゆるミッションのプロになってしまうのである。

「ＰＫＯミッションのプロ」にはミッションにいる様々な事情がある。国連出身者の場合、官僚機構の不合理に嫌気がさした人、仕事上のトラブルで職場の人間関係がこじれ将来のキャリアを断念してしまった人、または多くの国連機関で進行中のリストラによって押し出されてしまった人などはミッションに出向することで問題を回避できるのである。問題を抱えていなくても出向によって受ける現地生活費を貯め蓄財する者もある。あるいは長くミッションにいて正規職員のポストに何度応募しても採用されなかった人などは、国連に対する憧憬のようなものはあっても反感を秘めている。また一般的に職場とは関係なく家庭の事情によるケースが極めて多い。ミッションのスタッフは、単身赴任が条件となっているミッションとはいえ、この周りで若い人を除けばほとんどが離婚経験者である。また、崩壊寸前の家庭では一方がＰＫＯミッションに参加することで別居のための経済的負担もなく合理的に二重生活が可能になるのである。

比較的一匹狼タイプが多いＰＫＯミッションで業務管理部門、特に衛星電話・通信やコンピューター・ネットワーク関係の技術者達は結びつきが強くミッションからミッションへと渡り歩く。一つには世界中の国連ＰＫＯミッションで同一技術が取り入れられ電話もコンピューターも衛星ネットワークで結ばれていることから、一つのミッションを経験した技術者は別のミッションでもすぐに動けるので効率がいいことと、そのネットワークによって情報の交換が密でお互いの「引き」で移動するからである。それは一種のマフィアを形成しているといってもいい。技術者がＰＫＯを選ぶのも他のピースキーパーと同様な事情がある。特に途上国出身の技術者にとって国連の給与は破格であるため、家族を国に残したとしても、不健康地で多少の危険を冒すとしてもＰＫＯミッションで働き続けることは他の職には替えがたいのである。

こう書いてくるとＰＫＯミッションというのは、はぐれ者、日陰者の集まりのような陰気なところに思えるかもしれないが、現実はまったく逆で、中には偏屈なのもいるけれど皆口は悪いが気のいい仲間思いの同僚ばかりなのである。中でも特に親しくしていた同僚のエルサルバドル人ホセ・カブレラ政務官は何かにつけてよく面倒を見てくれた。ラテンアメリカ人から見れば生真面目過ぎる私にいつも仕事の抜け道や夜遊び、色事など何でも一緒に誘うのがこの男である。彼がロシア製バルティカ9を飲みながら話してくれた身の上話は興味深い。彼はかなり貧しい家の出で子供の頃は毎日のように喧嘩や車泥棒などに明け暮れた相当な「ワル」だったらしい。ある人の精神的な影響を受け、この非行少年が大学に行った。もともと頭がいい、できる男なので成績は良かったらしいが、貧富の差が激しいこの国では金持ちの可愛い女子学生は貧乏学生など相手にもしてくれなかった。そんな時、ロシア政府の奨学金の試験をパスしモスクワに留学することになった。帰ってきて政府の仕事につこうとしたが、やはり貧乏人の子供は差別を受けた。彼が選んだ道は反政府活動家である。彼が活動家として頭角を現すごとに官憲の監視も厳しくなり何度も政治犯として逮捕され地下活動に入る。この頃には結婚していたらしいが地下活動家では家庭生活もままならず妻を幸せにすることはできないとして協議離婚。その後、この奥さんは彼の親友と再婚したらしいが、彼はそれをとても喜んでいる。彼はほとんど身動きが取れなくなったエルサルバドルでの地下活動に見切りをつけ転向、モスクワ留学のロシア語経歴を生かし政務官としてPKO参加を決心した。タジキスタンPKOに5年勤続のつわものである。彼の素晴らしいところは天性の楽天的性格に加え反骨精神と生死の危険に対する勘の良さからくる生命力である。

独身（あるいは単身）で身銭があり、戦場の兵士ほどではないにせよ多少の危険を負った不健康地で安全規制による半閉鎖的環境に置かれているピースキーパーは、保守的な生き方をする者がいないわけではないが、個人生活ではかなり奔放な生き方が多く、酒、タバコ、恋愛の世界である。事実、私は18年間やめていたパイプ煙草をまたここで始めたし、タバコを吸わない人のほうが少ない。また男女関係では、既婚者か独身者にかかわらずいつも誰かと一緒にいないと不安という心理が容易に恋愛に結びついているように見える。ミッションは狭い社会でスタッフの中の誰かが離婚しそうだとか離婚したという話が伝わると、彼（彼女）は急に人気者になり、自薦・他薦のアプローチが始まるというのは別に珍しいケースではない。前から私に離婚問題を相談していた民政官のある男性は、何処から伝わったのかは知らないが離婚しそうだという噂が走り、すぐに現地通訳の一人から妹と付き合ってくれと言われ、さらに同僚のセクレタリーが友達を介して近づいてきた。結局、彼は前から憎からず思っていたタジク人のセクレタリーと急に親密になった。そこには、少なくとも私の世代の社会通念を超えた、考えようによっては合理的な関係を成立させるようなお互いの暗黙の了解が成り立っている。結婚という制度的な形式にこだわらず、お互い気が合えば一つところに住み共同生活の義務と責任を果たす。人にはお互いを「パートナー」と呼んで紹介し、社会的にも事実上の結婚生活を営むが、法律的な束縛はないのである。どちらかがミッションを去る時、パートナーを解消する場合もあれば一緒に行くこともある。基本的にお互いが相手を必要としている時にだけ成り立っている関係なのである。

しかしこれとは同一に扱えないのが、現地女性との関係である。任地で現地の女性と付き合い、あるいは同棲するピースキーパーも多い。人間同士であるから本来誰と恋愛関係になってパートナーとして一緒に住もうが自由なのであるが、それは二人が基本的に対等である場合である。とはいえ世の中どこへ行っても対等な恋愛関係などというものはそうあるものではない。恋愛関係もつまるところ経済力、権力、体力、美醜、教養、気立てなどなどの組み合わせで成り立っているわけで、完璧な人間でない以上どちらもどこかで相手に頼り、どこかで譲らざるを得ない。その意味で恋愛とはお互いの期待を含めた心理的バランスによる合意と言っていいであろう。ところがこの心理的バランスがない場合、あるいは崩れた場合、それは恋愛ではなくハラスメントになってしまうのである。要するに、身銭を持ったピースキーパーが貧富の差に乗じて相手の期待をもてあそぶことは紛れもないハラスメントである。ましてやその気もないのに結婚をちらつかせて一時の便利な関係を続け、任務を終了すると黙って帰国してしまうのは破廉恥である。さらに地域社会の反応も無視することはできない。どこの国でも、特に伝統的な社会では一般的に、よそ者には閉鎖的である。それでも身銭をばら撒いて現地の女性と付き合うのは、他人の家に土足で踏み込むに等しい。お互いに必要としているのだからいいじゃないかという意見もあろうが、このミッション期間中に起こったスタッフの変死、現地事務所スタッフの監禁暴行、現地女性と歩いていたスタッフに対する白昼暴行事件などをどう見るか。これらはすべて女性がらみの事件だとして国連も現地政府に対し深く追及はしていない。直接的には嫉妬やねたみによる見せしめ行為だが、むしろこれは地域社会の制裁と捉えるべきであろう。

この他、様々なＰＫＯミッションを経験してきた同僚達と話していると、いろいろ興味深い経験談を聞くことができる。ソマリアのＰＫＯが撤退する時、背後から銃撃されながらアメリカ海兵隊の援護射撃の中を救援艇に駆け込んだという危機迫る話や、ルワンダのＰＫＯで難民キャンプを警備するガーナ国連平和維持軍兵士が難民の女性達に身の回りの世話をさせ、セックスの相手もさせていたという話、同じくルワンダで緊急脱出の時、一緒に連れて出た現地人メイドが車から引きずり出され目の前で蛮刀で切り殺されたという話、ボスニアの避難民保護キャンプを警備していたデンマーク国連平和維持軍が武装勢力の脅迫によってそのまま放棄撤退し、そこの避難民はすべて虐殺されたという義憤に駆られる話など書き残さなければならないことが多い。しかしこれらはタジキスタン・ミッションの話ではなく、今すぐには事実の確認もできないので、ここでは詳しく触れないで後の機会に譲りたい。

◆ソビエト制度から市場経済へ

開発問題にかかわって20年以上の間に多くの発展途上国を見てきたが、この国の不思議なところは、多分旧ソ連圏全体かもしれないが、経済統計上個人所得が１６０ドルそこそこで世界中でも屈指の極貧国であるはずなのに、バングラデッシュやソマリアのような貧しさをほとんど感じさせないことである。一つには外国為替レートと物価水準の問題があるので、購買力を考慮しないで単純に国民総生産（ＧＮＰ）を人口で割っただけの個人所得額では世界水準における直接比較はできないのである。もう一つには社会資本や公共サービスの設備投資を誰がどのように負担しているのかという問題がある。市場経済制度ではすべて税金というかたちでそれを各個人が払うので所得の一部に組み込まれているが、計画経済からの移行経済制度においてはまず社会や公共の財源が先に確保され、残りの個人消費分だけが個人所得として計算されているようである。社会資本の整備では、道路をはじめ公共輸送機関、住宅、電気、水道、ガス、電話など、かなり古びてしまってはいるけれど何とか機能している。特にバレエ、オペラ、オーケストラなどの文化面ではまったく低開発性を感じさせない。これらは多分に、特に貧しい人もいないが大金持ちも作らないという、前ソビエト制度の理想的部分の恩恵なのかもしれない。個人的に話をしていてソ連時代のほうがよかったというタジク人は決して少なくない。もしもタジキスタンがソ連に組み込まれていなかったら、多分アフガニスタンと同じような国になっていたかもしれない。

ただソ連が崩壊して10年も経ち、市場経済化の立ち遅れに加え和平も一進一退を繰り返す中、内戦で崩壊した経済社会基盤の復興再建も進んでいないために、現在ある社会資本や文化水準を維持するための費用負担能力がなくなり教育を含む公共セクターの退化が甚だしく、特にバレエ、オペラ、オーケストラなどの洗練された芸術が消滅の危機にあるのは残念なことである。タジキスタンも否応なく欧米の市場経済制度に組み込まれ、金持ちだけがどんどん豊かになりベンツに乗るようになると、物乞いをする貧しい人達が増えてくるのである。市場経済化の波

国立オペラ劇場

小学校の授業風景

に乗って急に裕福になったこの国の一握りの金持ちは、今までソ連制度が負担していた社会資本の整備や社会福祉、教育・文化水準の維持のためにより多くの税負担をする義務があることも知らなければならない。

特に、公共セクターの退化による教育の低下は危機といえるくらい深刻である。1991年に独立して国語をタジク語にしたのはいいが、これにともなう教材のタジク語化やタジク語教師の育成などは進んでいない。これは主として紛争による財政の疲弊によるものであり、学校施設には手がつけられておらず老朽化しており、教師が育成されていないだけでなく給料も充分に支払われないので教師は別に仕事を持つことになり、なかなか学校には来ないのである。この状態では古いロシア語の教材を使わざるを得ないのであるが、ロシア語の教師はほとんどこの国を離れてしまっているし充分な給料の支払いがないので確保することもできない。その結果、学齢期の子供達は学校に行ってもあまり授業がなく半日で帰ってきたり、まったく行かなくなっている子供達も多い。それでも首都圏では金持ちも多く高い授業料を払って私立学校に入れたり、公立学校でも授業料を取って運営しているところもあると聞いている。問題は、独立以来10年近くこの状態が続いており、この国に教育の空白が出来てしまったことである。これからタジキスタンの発展を担う人材の育成が欠けてしまったことによって、この国はまだ何年も問題を引きずらなければならない。この10年の空白を埋めるのは並大抵のことではない。

V　タジキスタン内戦の構造と長い和平の過程
（国連コンフリクト・リゾリューションの記録から）

◆タジキスタンの概要
◆タジキスタンの成立と内戦の勃発
◆タジキスタン内戦の構造
◆国連の介入と和平交渉の経緯
◆国連タジキスタン監視団の設置から和平協定の締結
◆タジキスタン和平と協調に関する一般合意の実施
◆民主化支援：憲法改正、大統領選挙、国会議員選挙終了

タジキスタンの内戦は、１９９２年9月の内戦突入以来10万人以上の死者を出し60万～70万人が故郷を捨てて国内避難を余儀なくされ、10万人が難民となって近隣諸国に逃れたといわれている。１９９４年、国連の調停で停戦合意成立したことによって国連タジキスタン監視団（ＵＮＭＯＴ）が導入され停戦監視並びに調停が進められた。その結果、和平協定の締結に

至ったのが1997年である。さらにこの協定の実施は一進一退を繰り返し、和平協定最後の課題である国会議員の民主的選挙実施にこぎ着けたのは2000年3月のことである。

大きな犠牲を払ったタジキスタン問題の核心は何なのか。ここで紛争の構造を解きほぐし、国連の介入したタジキスタンのコンフリクト・リゾリューションの歴史を振り返ってみたい。タジキスタンの内戦は、表面的には旧共産党政権とイスラム復興主義の対立と見られているが、それだけでなく経済地理条件、歴史的背景、地域部族的所属意識、政権力学、近隣諸国の政治的思惑と支援等がからんで状況は非常に複雑である。

◆タジキスタンの概要

タジキスタンは、ウズベキスタン、カザフスタン、キルギス、トルクメニスタンの5カ国を合わせた中央アジアと呼ばれる地域にあり、旧ソビエト連邦の南のはずれにあたる。西側の国境がウズベキスタン、南側でアフガニスタン、北側がキルギス、東側で中国と国境を接している。タジキスタンの総面積は14万3100㎢で北海道の約2倍、国土の90％以上がパミール高原にある山岳地である。最高峰はイスマイル・ソモニ峰（旧名コムュニズムピーク）標高7495ｍである。パミール高原に源を発するパンジ川は南側のアフガニスタン国境に沿って東西に流れ、ウズベキスタンに入ってアムダリヤ川となりアラル海に入る。首都ドゥシャンベは標高８５０ｍ、北緯39度で日本の仙台と盛岡の間ぐらいに位置する。ドゥシャンベを含む平地部の気候は内陸性で夏は酷暑、冬は時々降雪もあるが比較的穏やかである。

２０００年当時タジキスタンの総人口は約６００万人で、民族構成はタジク人65％、ウズベク人25％、ロシア人とその他が10％である。総人口の80％がスンニ派、５％がシイア派の回教徒であるが、ソ連統治時代に宗教色はかなり薄らいでしまった。言語はソ連時代にロシア語が連邦共通公用語となっていたが、独立後タジク語を公用語とし現在はロシア語と併用されている。タジク語は、イランのファルシィ語やアフガニスタンのダリ語と基本的に同一で、ペルシャ語に属する。一方、政治経済的に関わりの深い隣国のウズベク語やトルクメン語はトルコ語に属し、共通語は多いものの文法構造が異なりお互いに理解できない。

タジキスタンは、ソ連時代にはタジク・ソヴィエト社会主義共和国と呼ばれていたが、１９９１年９月９日の独立以後の公式名称はタジキスタン共和国である。行政区画は地形を反映して四つの地域に分かれている。タジキスタンの北端にあるレニナバド州（現ソグド州）は、ウズベキスタンとキルギスに囲まれるように半島状に突出しており、国土を東西に走るトルキスタン、ザラフシャン、ギサールの三つの山脈によって首都圏のドゥシャンベとは地形的にもはっきりと区切られている。州都はホジャンドで人口16万5千人、ドゥシャンベに次ぐ第二の産業都市である。南端のカトロン州は西でウズベキスタンと南でアフガニスタンと国境を接し、北部山岳地帯から流れ込むカフィルニンガン、バクシュ、キジィルス、ヤフスなどの河川がつくる扇状地で、平地が多くソ連時代から綿花を生産する農業地帯である。州都は人口6万人のクルガンチュウベであるが、この州にはラフマノフ現大統領の出身地であるもう一つの主要都市クリャブ（人口8万人）がある。全国土の東側半分近くを占めるゴルノ・バダクシャン自治区は北側でキルギス、東が中国、南でアフガニスタンと国境を接しており、全体がパミール高原に含まれる山岳高地である。州都はホログ、人口2200人。山岳高地のためこれといった産

タジキスタン全図

業はない。これらの州に囲まれるように中央にあるのがドゥシャンベ共和国特別区で首都の人口は52万人、西はウズベキスタンの国境から東はカラテギン渓谷を貫いて北側でキルギス国境に接している。ドゥシャンベというのはタジク語の月曜日という意味で、昔は月曜日に市が開かれるだけの小さな町であったが、1929年の共和国昇格のとき首都に選定され新しく建設された都市である。

タジキスタンの主要産業は農業と鉱工業である。農業セクターは労働人口の60%、GDPの約20%を占めている。タジキスタンは歴史的に小麦を主食料として生産しており、その他野菜、タバコ、油脂作物に加え、ブドウ、アンズ、リンゴ、梨、桃、西

綿花の収穫

瓜、イチゴなどの果実、ピスタチオやアーモンドなどのナッツ類が豊富である。しかし過去50年間はソ連の農業政策によってかんがい耕地の70％で綿花の生産をするモノカルチャーとなった。鉱工業はGDPの約20％を占めており、主な天然資源は銀、金、石炭、天然ガスなどであり、アンチモンやストロンチウムのほか多くの非鉄金属の埋蔵が確認されている。銀の埋蔵量はレニナバドのマンスール鉱だけでも6万トンといわれている。金鉱開発はタジク政府と英国やカナダの鉱山会社とのジョイントベンチャーですでに進行中である。石炭とガスは自国に相当量の埋蔵が確認されているにもかかわらず開発には至っておらず、隣国のウズベキスタンからの輸入に頼っている。急峻な山岳地形によってタジキスタンは世

アルミニウム精錬工場

界でも有数の水力発電量を誇る電源国であるが、ソ連政府はこの豊富な電力を元に世界でも屈指といわれる年産50万トンのアルミニウム精錬工場を首都ドゥシャンベ近くのツルサンザデに建設し、ソ連のアルミニウム総生産量の15％がここで生み出されていた。しかしタジキスタンは原料のボーキサイトを持たず、さらにアルミニウム国際価格の低落に加え国内の利権争いのため、現在は独立前に比べ40％以下の生産量である。

◆タジキスタンの成立と内戦の勃発

１９１７年のロシア10月革命以前のタジキスタンは、それまで帝政ロシアの保護領ブハラ・ハーン国の一部であった。１９２０年、ソ連赤軍による中央アジア一帯の占領によってブハラ・ハーンは滅亡しブハラ人民ソビエト共和国となった。タジキスタンは、その後ソ連の統治下で１９２４年にウズベキスタン・ソビエト社会主義共和国の自治領となり、初めてその名前が登場する。さらに１９２９年、ソビエト社会主義共和国に昇格され、そのときにソビエト中央政府の工業化推進政策によってレニナバド州がウズベキスタンから割譲された。大雑把な言い方をすれば、タジキスタンは歴史的にも文化的にも現在のドゥシャンベから西にサマルカンドとブハラで構成されていたが、当時のソビエトの統治政策によってそれは分断されてしまった。ドゥシャンベからは地形的に完全に途絶し、むしろ経済的・地理的にはタシケントに隣接し、民族的にも主としてウズベク系で構成されているレニナバド州が不自然に統合された。さらに民族的にはタジク人とは異なるパミリ系諸民族からなるゴルノ・バダクシャン自治区は、タジキスタン全国土の半分近くを占めるが山岳地で特筆するほどの産業はなく人口もまばらなため自治区としてタジキスタンに統合された。したがってこの国は、ソ連の統治政策によって作られた、大まかに三つの地域部族からなる寄り合い国家といえる（タジキスタン全図参照）。

タジキスタンは、ソビエト連邦の崩壊によって1991年9月9日、自然成立的に独立を宣言した。独立にともない実施された初の選挙によって、11月、旧共産党系でレニナバド出身のラフモン・ナビエフが野党連合の対立候補をやぶって初代大統領となった。翌年3月に反対勢力による2カ月に及ぶ大々的デモが続き、ナビエフ大統領は反政府勢力との連立政権を余儀なくされ、いくつかの主要閣僚ポストを明け渡さざるを得なかった。しかし、まもなくクルガンチュウベで武力衝突が始まり内戦に突入した。ナビエフ大統領は、その年9月、ドゥシャンベ空港で家族とともにモスクワに発とうとしているところを反対勢力によって取り押さえられ銃口の前で退陣を表明させられた。反対勢力のイスラム復興党・民主党連合政府がこれに取って代わった。しかし旧共産党勢力はウズベキスタンとロシア軍の支援を得て反撃し、1992年12月に武力で権力を奪回した。このため反政府武装勢力は国境を越えてアフガニスタン北部まで撤退し、アフガニスタンの支援を得て、そこから反政府闘争を続けることになる。

1994年に入って国連事務総長特使と両勢力関連国アフガニスタン、イラン、パキスタン、ロシアなどの調停による「モスクワ合意」によって両者がようやく交渉のテーブルについた。一時停戦が話されている最中の9月に現政府最高議会が新憲法制定国民投票とそれにもとづく大統領選挙を一方的に11月と決めたため反政府勢力は交渉をボイコットしたが、さらに関係国と国連特使の努力によって「テヘラン合意」を見るに至り、一時停戦協定が成立、1994年10月、ようやく現政府と反政府勢力の停戦が実現した。しかし最高議会は独断で新憲法を制定し、反政府勢力の選挙ボイコットのまま11月に国民投票と大統領選挙を同時に実施、当時の最高議会議長だった旧共産党系でクリャブ出身のイモマリ・ラフマノフが大統領に選出された。1994年の停戦協定の成立によって、国連安全保障理事会は12月、首都ドゥシャンベに国連タジキスタン監視団(UNMOT)の設置を決めた。しかし停戦協定にもかかわらずその後、内戦は終結しなかったが、UNMOTや両勢力関係国の努力で1997年6月、現政府と反政府連合(UTO)との間で「和平と和解に関する一般協定」の合意を見るに至った。この間の詳しい動きは、後述の本章「国連の介入と和平交渉の経緯」の項で述べる。

◆タジキスタン内戦の構造

ホジャンディ・クリヤブの同盟と地域部族問題：ソ連の統治政策によってブハラやサマルカ

ンドという歴史的文化的な中心都市を失ったタジキスタンは、成立以来ウズベキスタン並びにソ連中央政府の支援を得て、民族的には主にウズベク系でなり経済的にもタシケントとつながる産業の中心地レニナバドが行政の主導権を握ることになった。その当時からこのあたりは統治のホジャンディ族（レニナバド）、戦いのクリヤビ族（クリヤブ）、商いのガルミ族（ガルム）、農耕のクルゴンテッパ族（クルガンチュウベ）、踊りのパミリ族（ゴルノ・バダクシャン）といった一種の部族間階級制度を構成し、ソ連時代を通して半世紀以上の間ずっとホジャンドの政治的特権階級がタジキスタンを統治してきた。ラフモン・ナビエフ大統領の退陣によって一時弱体化はしたが、旧共産党勢力は統治のホジャンドと戦いのクリヤブの同盟した「人民戦線」によって反対勢力と対抗すると、反対勢力は旧来から統治を独占してきたホジャンドに不満を持つガルム、クルガンチュウベ、ゴルノ・バダクシャンなど他部族・他地域を結集し「タジキスタン反政府連合（ＵＴＯ）」を構成してこれに対抗した。これがタジキスタン内戦における基本的な対立の構造ということができる。

政治・宗教イデオロギー対立と後方支援国（ロシア、ウズベキスタン対アフガニスタン、イラン）：ソ連崩壊後のロシアがレニナバドとクリヤブによる旧共産党勢力のタジキスタン統治を支援するのは単に歴史的な経緯による関わりだけではない。ＵＴＯを構成する中心的政党「イスラム復興党」の動きは、旧共産圏のあちこちで宗教対立・地域紛争のもとになっているイスラム原理運動の拡大に直接つながることになり、域内で新たな火種となることを恐れるロシアは、旧共産党系である人民戦線を支援する必要があった。モスクワからタシケント（ウズベキスタン）を通じて、ホジャンドがタジキスタンを統治するという構図はすでにソ連時代に出来上がっているので、ナビエフ大統領の強制退陣後、ロシアはウズベキスタンを通してタジキスタンの旧共産党系勢力を武力支援し権力の奪回をはかった。さらにアフガニスタンの影響を遮断するため、ロシア軍と中央アジア諸国による独立国家共同体（ＣＩＳ）国境警備隊を組織し、南側一体のタジク・アフガン国境線全域に配備した。一方イスラム復興党はその宗教的政治理念に加え、武装勢力が国境を越えてアフガニスタン北部まで撤退したことによって、ソ連時代から反政府運動のつながりを持つアフガンのマスードの支援を受けることになる。周知のようにアフガニスタンはイスラム原理主義の武闘派であり、特にタリバンは国際テロリストとしてよく知られている。ＵＴＯは、アフガニスタン領内への撤退にともない主としてマスードの協力を得てアフガン北部から反撃を繰り返し、必然的にアフガニスタンがＵＴＯの反政府ゲリラ活動の拠点となった。さらに、ＵＴＯ指導者達はアフガニスタンの背後にあるイランの保護を得てテヘランに亡命し、宗教的政治理念の影響を受けている。これに加えてロシアとアフガニスタンは１９８０年代以来敵対関係にあり、ロシアにとってはタジキスタンをＣＩＳ諸国の砦にしておかなければならないという事情がある。したがってタジキスタンの紛争は地域・部族問題に、近隣諸国を巻き込んだ政治・宗教のイデオロギー対立と、それにもとづいた覇権闘争が関わって問題を複雑にしているのである。

ホジャンディ排除による反発とウズベキスタンとの関係悪化：さらに状況を不安定にさせたのは、クリヤブ出身のラフマノフ大統領がソ連時代からの同盟同志ホジャンディ閥を排除し始めたことである。１９９２年にロシアとウズベキスタンの支援をもとに反対勢力から武力で権力を奪回後、１９９４年、当時の最高議会議長だったイモマリ・ラフマノフが11月の大統領選挙に当選し、レニナバド州知事アブドジャリル・ハミドフの親戚にあたるアブドルマリク・アブドゥロジャノフが首相に任命された。独立当初から歴史的経緯によるホジャンディの統治を継承する形で同盟してきたクリヤビとホジャンディであったが、ラフマノフ大統領は当選以後一貫してホジャンディ閥の排除に入る。まずレニナバド州の地方主要ポストのほとんどがクリヤブ出身者で占められ、アブドゥロジャノフ首相の弟は政治裁判によって死刑となった。ラフマノフ大統領は、ホジャンド出身者の首相任命は維持する一方で首相職をほとんどの権力から遠ざけ無力化し、有名無実のパペット・ポストにしてしまった。これによって統治の復権を目指してきたホジャンディが権力の座に戻る見込みはほとんどなくなってしまった。タジキスタンにおける反政府行動のうちホジャンド、ツルサンザデ、クルガンチュウベなどにおける内乱は、必ずしもＵＴＯ対政府による内戦を構成しているわけではなく、むしろウズベク系不満分子の抗議行動と見ることができる。しかしラフマノフ政権下アブドゥロジャノフ以後現在のアキロフまで、首相は一貫してホジャンド出身者が占めるという了解が守られているのは、ホジャンディが首相というポストを確保することでクリヤブのラフマノフ大統領との名目的な同盟に甘んじ、ラフマノフ大統領はロシアとの関係を維持するためにはどうしても同盟が必要だったと考えることができる。

しかし、中央アジア諸国のリーダーを自認するウズベキスタンは、歴史的にホジャンドのウズベク系政治指導者を通じてタジキスタンを支配してきた特別な経緯があり、ラフマノフのホジャンディ排除には強い不満を持っていたが、タジキスタンがブハラとサマルカンドの領有を主張するに至ってついに国境を閉鎖してしまった。これは地形的にロシアからの物資輸送やエネルギー供給をウズベキスタンに頼るタジキスタンにとっては経済封鎖に等しい。これに加えウズベキスタンはタジク国境に近いフェルガナ盆地でタジキスタンと同様な反政府勢力問題を抱えており、フェルガナを拠点としていた武装テロリスト・グループの野戦司令官ジュマボイ・ナマンガニがソ連時代からの反政府活動の同胞であるUTOとつながりタジキスタン領内のカラテギン渓谷タビルダラに戦闘勢力を抱えていること、さらにアフガニスタンのタリバンとつながっていることが目の上のたんこぶとなっている。これをタジク政府が黙認していることがタジキスタンとウズベク政府との関係をさらに悪化させている。いずれにせよ、タジキスタンの内戦構造を見るとき、ウズベキスタンとアフガニスタンの関わりを通して見ることが重要な鍵になっているといえる。

◆国連の介入と和平交渉の経緯

国連がタジキスタン内戦に積極的に関わりはじめたのは、内戦が始まった1992年9月である。ウズベキスタン大統領の要請に対応して、当時のブトロス・ガリ事務総長は事実認定をするための査察団をウズベキスタンとタジキスタンに派遣した。さらにタジキスタン大統領代行との協議によって斡旋ミッションを当該地域に派遣し、このミッションの報告にもとづいて事務総長は安全保障理事会の承認を得て、1993年1月に政務官、軍事官、人道問題担当官からなる国連代表団事務所を設置した。以後も両勢力の衝突はエスカレートの兆しを見せ、特にタジク－アフガン国境においてきわめて危険な状態であり、速やかな停戦と政治的折衝の必要性が指摘されたため、事務総長は国連特使の派遣を決め関係諸国との調整を始めた。特使は一方でロシアを中心とするCIS中央アジア諸国に接触し、他方で反対勢力とアフガン政府に接触、両勢力の地域的な交渉の機会を作り出すべく動き出した。しかしこれらの外交努力にもかかわらず、両者の緊張はさらに高まり、特に南部カトロン地域と東部ゴルノ・バダクシャン地域での戦いが激しさを増した。この状況の中、ロシアと中央アジア諸国はタジク－アフガン国境の安定と避難民等の保護のためとしてCIS平和維持軍の設置を決め、国境警備隊を南部国境線の全域に配備した。

テヘラン合意と一時停戦合同委員会：1994年に入って特使は、タジク政府と反対勢力との協議だけでなく、さらにイラン、パキスタン、ロシアおよびウズベキスタンとも積極的に接触し地域的協議を進めた結果、国連の支援のもとで両勢力が第一回協議を4月にモスクワで行うことで合意を引き出した。この「モスクワ協議」によって両者は今後、政治的折衝の手法、難民・避難民の処置など基本的な制度問題と両者統合を一つの課題として取り組むことに合意した。第2回協議は6月にテヘランで開催され、アフガニスタン、イラン、カザフスタン、キルギス、パキスタン、ロシアおよび欧州安全保障協力機構がオブザーバーとして立ち会った。この「テヘラン協議」では主要議題である停戦と敵対行為の停止が集中的に討議された。この協議では停戦合意には至らなかったものの敵対行為に対する概念と定義が明確にされ、今後も政治的折衝を通じて和解を達成することが確認された。第3回協議が準備されている最中、タジキスタン最高議会が新憲法の制定と大統領選挙を9月に実施することを一方的に決議したため交渉は中断、反政府側は政府側に真剣さと誠実さがないとして国境からの攻撃と国内のテロ・妨害行為を強化した。この状況で国連は、両者の真剣さと誠実さが実証されるまで第3回イスラマバード協議開催の中止を決めた。一方特使の積極的調整の結果、政府は恩赦の発表、反政府活動者の解放、憲法制定と大統領選挙の延期などに合意、さらに交渉を再開すべく

9月にテヘランで両者の首脳協議を行うことが決まった。9月のテヘラン首脳協議では、交渉期間中の一時停戦とその他の敵対行為の停止が合意された。これが、以後タジキスタン和平交渉が一般協定合意に至るまでのあいだ重要な役割を果たす「テヘラン合意」である。このテヘラン合意ではさらに、合意の効果的実施のために政府と反政府の代表からなる「合同委員会」の設置、第3回イスラマバード協議の10月開催、国連平和維持活動派遣の要請などが同時に合意された。その結果1994年10月20日、国連代表団事務所による停戦の発表に続いて、ようやく一時停戦が実施に移された。10月の「イスラマバード協議」では主にテヘラン合意の延長、「合同委員会」に対する国連の支援要請、公正選挙や政治活動規制解除などを含む政治折衝の継続が合意された。

◆国連タジキスタン監視団の設置から和平協定の締結

テヘラン合意における両勢力の要請にもとづいて、1994年12月、安全保障理事会が国連タジキスタン監視団（UNMOT）の設置を決めたことにより、翌1995年1月末、当面6カ月間事務総長の提案通りガルム、クルガンチュウベ、ピアンジの3監視事務所を含めた総勢55名の小規模監視団が開設された。この監視団は軍事監視官と少数の民政官に加え管理スタッフと現地職員からなり、独自にあるいは「合同委員会」の要請にもとづき停戦監視と和解斡旋を任務とする。UNMOTは両勢力並びにCIS平和維持軍との接触を開始したが、反政府勢力の実体はアフガニスタンにあり、政治指導者はテヘランに亡命滞在し、そこから指示を出しているため緊密な連絡を保つことは困難であった。国連特使は第4回協議をモスクワで開催するべく文字通り東奔西走した。

タジキスタン和平と協調確立のための基本原則に関する協定：UNMOT開設と前後してカトロン州南部のタジク－アフガン国境周辺の停戦違反攻撃が相次いで報告された。UNMOTは「合同委員会」の議長を務めるとともに、合同委員会の現地調査にはUNMOTから軍事監視官が参加している。1995年にUNMOTの活動が開始された当初、両者の緊張は高まっていたものの特に際立った衝突は見られなかったが、4月に入って状況は悪化し、ロシア国境警備隊と反政府勢力による国境周辺での停戦違反攻撃が顕著になった。このため特使が、敵対行為を抑止するべくモスクワで両者首脳協議を設定し、テヘラン合意の精神を再確認するとともにあらためて和解はあくまで平和的に政治的に解決することを確認する両者の共同決議文が発表され、第4回協議は5月にカザフスタンのアルマティで開催することが決まった。「アルマティ協議」では、初めて国家統合と基本的な制度問題が討議されたが合意には至らなかった。この協議での主な成果は捕虜交換や難民の帰還促進など人道問題における合意であった。事務総長の指示によって国連特使は、ラフマノフ大統領とイスラム復興運動ヌリ議長との直接会話

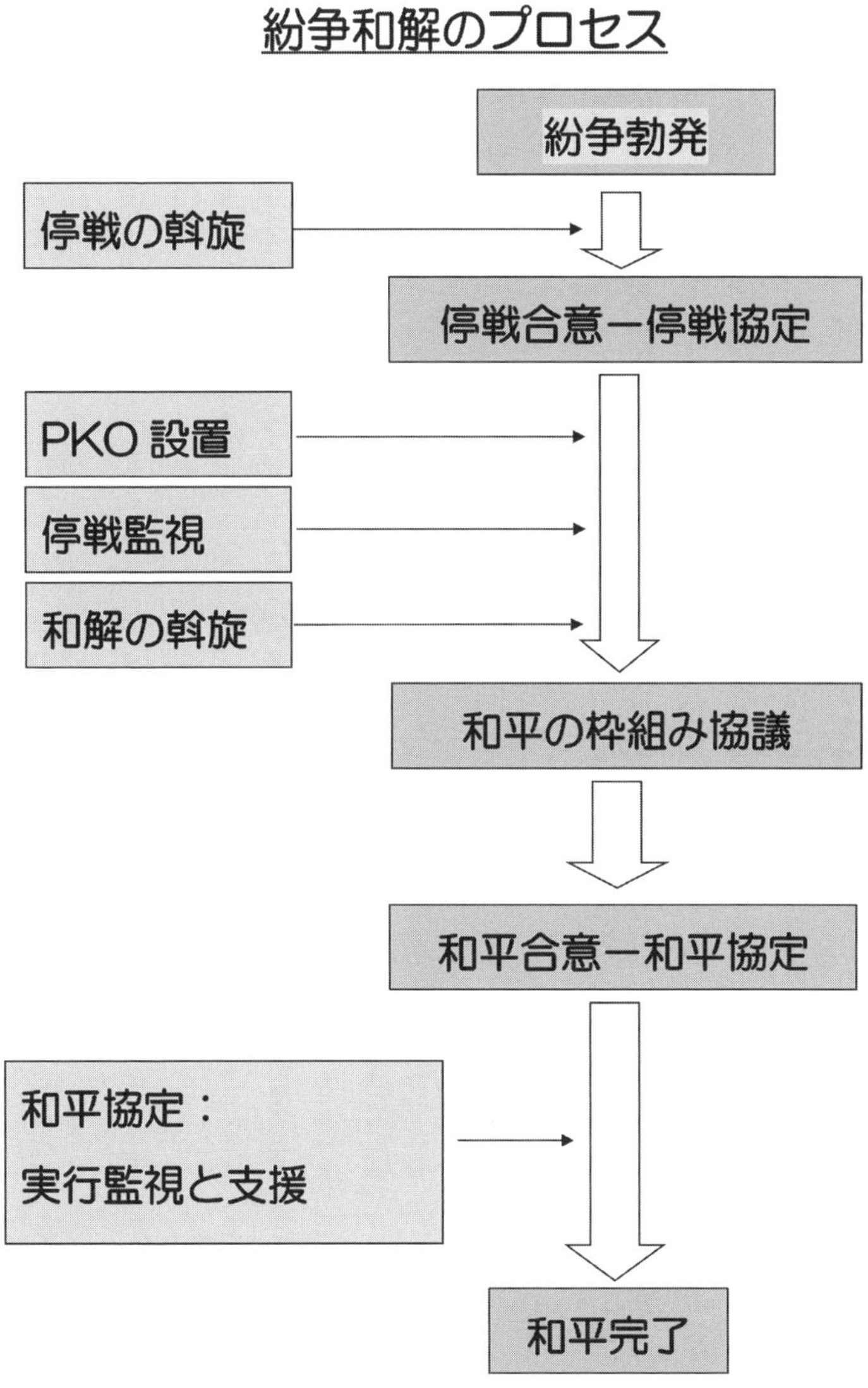
紛争和解のプロセス
紛争勃発
停戦の斡旋
停戦合意ー停戦協定
PKO 設置
停戦監視
和解の斡旋
和平の枠組み協議
和平合意ー和平協定
和平協定：
実行監視と支援
和平完了

を勧め、両者はカブールとテヘランで会見し協議は進展を見た。さらに国連特使はドゥシャンベとカブールを往復し両者の直接会話をさらに推し進めた結果、8月17日「タジキスタン和平と協調確立のための基本原則に関する協定」の調印に至った。この協定は、和平の基本原則、政治問題、軍事問題、難民問題、協議体制など、後の和平一般合意の枠組みを決めた重要な協定となった。しかし第5回の協議開催地の選定で交渉はまた行き詰まりの状態となり、特使の斡旋により2カ所での相互開催で継続的協議をすることでようやく合意を見た。

不安定な一時停戦：この間、状況は全国的に悪化し停戦違反の攻撃が激化した。ゴルノ・バダクシャンでは政府軍と反対勢力の緊張が高まる中、反政府自衛軍と呼ばれる別のグループとロシア国境警備隊との衝突が多発、カトロンの南部国境ピアンジやモスコウスキーでも不法越境としてロシア国境警備隊の攻撃が続いた。ガルムでは6月の終わり頃から現地の武装グループがたびたび政府の武装警察や公安部隊を攻撃している。クルガンチュウベでは6月、政府軍第11連隊の司令官が暗殺され、第1連隊の犯行によるものと見られて両連隊の内紛対立が目立ち緊張が高まっていたが、9月半ば第1連隊が11連隊を包囲、攻撃を始めたため一時激戦となった。監視のため現地にいたUNMOTの軍事監視官がこの戦いに巻き込まれて殉職し、クルガンチュウベ監視事務所は情勢が沈静化する11月まで閉鎖された（**この事件は第VI章「UNMOTエピソード　UNMOT最初の犠牲者――軍事監視官スプンナー中佐の殉職」で詳述し**

ている）。

一方、第11連隊の一部がガルムとタビルダラ地区に再配置されたことにより、ゴルノ・バダクシャンからの援護で強化された地元反政府勢力の武装グループとの衝突が始まった。この状況の中で11月30日からトルクメニスタンのアシュガバットで継続的協議が開始されたが、タビルダラにおける政府軍と反政府勢力との戦闘が始まり、反政府勢力によるモスコウスキーの国境監視所攻撃が激化したことで協議は進まず、本会議が開かれたのは12月7日のことである。「アシュガバット協議」の成果は、テヘラン合意の再確認により情勢が沈静化したことと8月17日の基本原則協定における主要政治課題、協議体制の確立や政府主要ポストの配分などが正面から討議されたことであるが、政治課題の合意には至らなかった。両者の政情が極めて不安定な状況の中でさらに1月末から「第2次アシュガバット協議」が開かれ、反政府側代表出席のもとで和平の枠組みを審議する特別国会の開催が合意されたほか、基本原則協定の実施促進が確認された。しかし、2月24日「合同委員会」の反政府側共同議長が誘拐されたことによって残る反政府側委員はタジキスタンを離れてしまった。国連特使の努力で停戦合意は延長されたものの反政府側の特別国会出席は中止となった。

1996年1月にはクルガンチュウベ、ツルサンザデ、ホジャンドで反政府勢力とは別のウズベク系を中心とした反乱が次々と起こったが、政府が反乱軍の要求の一部を受け入れることで一応反乱は収拾した。この間、反政府勢力はタビルダラでの攻撃を再開しカラテギンでの緊張がさらに高まった他、ゴルノ・バダクシャンのバンジでは反対勢力が政府庁舎を占拠、カトロン南部のピアンジやシュロアバドではアフガン国境周辺でロシア国境警備隊と反対勢力の交戦増加などが報告され、タジキスタン情勢は悪化の一途をたどった。

政府軍や反政府勢力のUNMOTパトロールに対する妨害が目立つようになったのはこの頃からで、各地でパトロール車の強制停止、通行拒否が報告されている。4月16日、UNMOTパトロールとアメリカ大使の車がドゥシャンベ－ガルム道路を北進中、反政府勢力兵士が停車を命じ車内をチェックしている。5月4日、タビルダラ－ガルム道路をパトロール中のUNMOT監視チームが所属不明の兵士によって狙撃され、17日には反政府勢力支配地域をパトロール中の監視チームが所属不明の兵士に停車を命じられ、車中機材を強奪されたうえ3時間以上にわたって拘束された。

カラテギン合意と続く攻防：5月に入って反政府勢力は大々的な攻撃によってタビルダラを攻略した。6月2日、政府軍がタビルダラでの反撃を開始すると、反政府勢力はガルムを攻撃し始めた。7月、この不安定な状況で「第3次アシュガバット協議」の開催にこぎ着け、敵対行為の即時停止とテヘラン合意の延長が決議された。これによってUNMOTは停戦監視のためにタビルダラに入ろうとしたが政府軍兵士によって拒否され、UNMOT軍事部長が率いる監視チームがタビルダラに入ったのは9月になってからである。実際タビルダラは政府軍の手にあり、地区の4分の1がほとんど壊滅状態で放置されており、残っているのは老人と子供であることが確認された。9月に入ってカラテギンの状況がさらに悪化、反政府勢力はジルガタルとタジカバドを攻略したことによりカラテギン渓谷のガルムからキルギス国境まで全域を支配下に置いた。そして渓谷入り口のコムソモロバドに戦力を集中配備し政府軍の攻撃に備えた。一方政府軍は、反政府勢力がカラテギンからさらにドゥシャンベに向かって侵攻してくることを想定し首都の東側に勢力を結集し、これに備えた。この状況を打開改善するべく合同委員会はUNMOTの支援を得て、政府首脳代表団をカラテギンに送り反政府勢力の現地野戦司令官達との直接交渉を実現し、9月16日、多くの信頼関係確立の手続きを盛り込んだ「カラテギン合意」の署名にこぎ着けた。この合意で一時的な平穏があったが、反政府連合（UTO）の全面的な了解を得たわけではなく、特に11月に入ってタビルダラ周辺での攻防が再燃した。11月半ば、反政府勢力がコムソモロバドを支配下に置き、さらに12月1日早朝ガルムを攻撃、政府の主要建物を占拠したことで、政府軍は午後にはヘリコプターによる空爆で対抗、ガルムの中心に攻撃を開始した。このためUNMOT監視チームは一時タジカバドまで避難し、翌日ガルムに戻ってみると対空機関銃を装備した反政府勢力がコムソモロバドからジルガタルまでの地域を支配下に置いており、ガルム空港に配備された政府軍は反政府勢力に包囲され孤立していた。

12月3日、ドゥシャンベからコムソモロバド近くのチョルサダの間をパトロール中のUNMOT監視チームが、政府軍兵士によって強制停車させられ拘留された。この時暴行を受けただけでなく車中機材を強奪され、銃撃の中追放されたため幹線道路を避け反政府勢力兵士の案内で山中からガルムに逃れた。治安状況をかんがみたドゥシャンベ本部の指示によってこの監視チームが、12月4日ガルム監視チームとともにカラテギン渓谷を抜けキルギスのオシュからホジャンドを経由してドゥシャンベに帰還したのは6日の真夜中であった（**この事件は第Ⅵ章「UNMOTエピソード　カラテギン渓谷からの脱出――緊急避難行3昼夜」で詳述している**）。この事件についてUNMOTは政府に対し厳重に抗議を行い、政府はUNMOTに謝罪、犯人の特定と処分を約束した。

「国家和解評議会（CNR）」の設置とUNMOT一時撤退：一方7月の第3次アシュガバット協議以来停滞していた交渉は、国連特使の精力的な斡旋に加え状況が急速に悪化する中で両者の接近が見られ、ラフマノフ大統領とヌリUTOリーダーは10月9日からのテヘランにおける予備会談と10月16～17日のモスクワ会談に合意した。テヘランの段階では重要な政治課題の理解で進展を見たが、合意書草案の署名には至らなかった。そのうえＵＴＯ側の対応の遅れのためモスクワ会談は実現しなかった。その後特使が斡旋を続け、大統領とＵＴＯリーダーが書簡の交換を通じて12月9日にアフガニスタン北部で会見し、前記の合意書草案の詰めを行い、さらに12月下旬にモスクワで最終会談をすることで合意を見た。アフガニスタン北部フスデーの予備会談は12月10〜11日に開かれ、ＵＮＭＯＴ任期延長要請と停戦復帰合意書の署名が行われた。この会談で、「8月17日の基本原則」にもとづき、ＵＴＯ代表を議長とする「国家和解評議会（ＣＮＲ）」の設置、和平協議期間中の停戦延長、捕虜交換と恩赦などで歩み寄りを見て、両者はドラフト合意書に仮調印しモスクワでの最終会談に臨んだ。12月23日、モスクワで首脳会談が設定され、両首脳はフスデーの合意書草案に署名、さらに「国家和解評議会」の定義と執行力を規定する協定に署名した。

12月20日、車5台でガルムからドゥシャンベに向かっていたＵＮＭＯＴ、合同委員会委員、政府要職者など23人からなるコンボイが、オビガルム付近で武装グループによって拘束され人質にされるという事件が起こった。ＵＮＭＯＴは軍事監視官7人と現地スタッフ2人の合計9人である。武装グループのリーダーは、政府軍に転向した元ＵＴＯ野戦指令官リズボン・ソディロフの代理だと名乗りＵＴＯに対し人質と交換に、現在拘留されているソディロフの弟他部下3人の解放を要求した。翌日、政府、ＵＴＯ並びにＵＮＭＯＴの精力的交渉の結果、合同委員会ＵＴＯ側委員２人を除き、残る人質は解放された。ヌリＵＴＯ議長の命令で、ＵＴＯ野戦司令官は解放に同意、12月26日人質の交換が行われ、この問題は無事解決した。これはＵＮＭＯＴスタッフが人質となった初めてのケースである。この間にも首都ドゥシャンベでは爆破、政府公安兵やロシア兵殺害などのテロが続き、ツルサンザデ内紛の再燃やホジャンドで前首相経験者３人をリーダーとするグループがデモを繰り広げ和平交渉参加を主張するなどウズベク系グループの動きもさらに緊張を高めていた。

たび重なる人質事件とＵＮＭＯＴの撤退：１９９７年1月半ば、ＵＮＭＯＴは政府と反対勢力の両者からの要請にもとづきカラテギン地域監視事務所増設の下調べのために、ドゥシャンベ－ガルム間のパトロールを実施し、安全確保と自由通行の確認をしていた。そのうえで、２月７日にはコムソモロバドとチルダラに事務所を開設するべく準備を進めていたところ、２月３日、ガルムからドゥシャンベへ病人移送中のＵＮＭＯＴスタッフ５人が人質となる事件が起きた。犯人は前回12月20日の人質事件と同じグループで、首謀者は12月26日に解放されたボホロム・ソディロフ、この武装グループのリーダーであるリズボン・ソディロフの弟である。彼等の要求は、前回の要求の一部には兄リズボンのアフガニスタンからの帰還も含まれていたにもかかわらず、政府が実行しなかったので、アフガニスタン北部にいる兄とその部下戦闘員の帰還保証であると宣言した。その後ドゥシャンベでさらに国際赤十字委員会代表、国連難民高等弁務官事務所スタッフ、ロシア人記者などを拉致し、人質は合わせて16人となった。それだけでなく解放交渉にきた政府公安省のサイダミール・ズフロフ大臣までも人質にとられることとなった。交渉は2週間を要し、アフガニスタンのアハマド・シャー・マスード総司令官、ロシアのビタリー・イグナテンコ副首相、ラフマノフ大統領自身の精力的な交渉の結果、兄リズボン・ソディロフと部下40人の戦闘員の帰還と引き換えに人質は無事全員解放された（**この事件は第Ⅵ章「UNMOTエピソード　UNMOT監視団員ほか人質事件」で詳述している**）。人質解放後、政府とUTOはソディロフのグループに対する攻撃を開始したが、充分な効果を挙げることはできなかった。人質全員が解放された翌18日、ドゥシャンベでロシア人5人を含む7人が殺害されるという事件が起き、政府官憲はUTO構成員5人を容疑者として逮捕した。これに続いて政府はUNMOTに対し、UTOがこの逮捕者5人の釈放要求のためにさらに国連職員を誘拐、人質にする可能性があるという警告を出した。これによって、事務総長は2月8日、UNMOT本部とホジャンドに必要最小人数を残してタジキスタン国内のすべての国連職員を隣国ウズベキスタンのタシケントに撤退させることを決めた。しかし国連不在の中、国内では人道的状況の悪化が顕著となり、これを考慮した事務総長がドゥシャンベ在留の国連各機関の事務所長を含む国連職員の第1次帰還を許可したのは5月12日である。

和平協議の締結：１９９７年1月6日、テヘランで両勢力の代表が、「国家和解評議会」の定款作成と政治問題協定について協議を続けたが、この「テヘラン協議」では完全合意には至らなかった。国連特使がこの両者のギャップを埋めるべく接触を続けた結果、2月26日、モスクワで次の協議を開催することになった。これに先立ち、ラフマノフ大統領とヌリUTO議長は2月21～22日、イランのマシュハドで会見し未解決になっていた問題を詰め、国家和解評議会の憲章文と政府要職の配分に関する協定の合意に至った。この「モスクワ協議」は国連特使を議長として両者の代表が出席し予定通り2月26日から開催された。この協議中に、2月18日の暗殺事件容疑者としてUTO構成員が逮捕されたことで議事は一時中断したものの、3月8日、政府の軍事治安制度の改革やUTOの武装解除と政府軍への統合などが盛り込まれた「軍事協定」の署名にこぎ着け、次回協議は4月9日、テヘランで行うことが決まった。「テヘラン協議」では、政治問題協定とタジキスタン和平と協調に関する一般合意の実施保証に関する協定が討議されることになっていたが、暗殺事件犯人の取り扱いが再びこじれて進展せず、両者は5月半ばに協議を再開するという前提で4月16日、帰国した。そこで国連特使が大統領とUTO議長に働きかけて5月16～17日、キルギスのビシュケックでの直接協議を設定した結果、両者は「政治問題協定」署名の合意に至った。この協定で相互謝罪と恩赦に関する法律の制定、選挙管理委員会委員の25％UTO配分、司法・行政・立法分野における要職のUTO代表への配分、政党活動、政治運動、政治報道などにおける規制の廃止が明確に合意された。これにもとづき、「テヘラン協議」は5月22日に再開され、両者は「タジキスタン和平と協調に関する一般合意の実施保証に関する協定」に署名した。この協定の中で、両者はUNMOTの任務を拡大改定し、一般合意の実施監視、助言、斡旋などを含めた国連による政治的保証を求めた。これまでの協議交渉に立ち会ってきたオブザーバー諸国は、政治倫理的保証人としてUNMOTの特別代表が調整役となる「コンタクト・グループ」の設立参加に同意した。さらに両者は「タジキスタン和平と協調に関する一般合意」の調印をモスクワで行うことで合意を見た。6月27日モスクワで国連特使、ロシア外務大臣並びにイラン外務大臣を証人とし、イェルツィン・ロシア大統領をはじめ関係各国の外務大臣などの立ち会いのもとで、ラフマノフ大統領とヌリUTO議長がこの一般合意に署名したことによってタジキスタンの和平協定は成立した。この一般合意はこれまでに両勢力が合意してきた個々の協定を総括するもので、以下の各協定からなっている。

- タジキスタン和平と協調確立のための基本原則に関する協定　1995年8月17日
- 国家和解評議会の主要機能と執行力に関する協定　1996年12月23日
- 帰還難民に関する協定　1997年1月13日
- 国家和解評議会定款と追加協定　1997年2月21日
- 軍事問題に関する協定　1997年3月8日
- 政治問題に関する協定　1997年5月18日

∨和平と協調に関する一般合意の実施保証に関する協定　１９９７年５月22日

◆タジキスタン和平と協調に関する一般合意の実施

「コンタクト・グループ」の設置と国際支援国会議：一般合意の成立にもとづき、５月22日のテヘラン協議で合意された「実施保証協定」によってアフガニスタン、イラン、カザフスタン、キルギス、パキスタン、ロシア、トルクメニスタン、ウズベキスタンと欧州安全保障協力機構（ＯＳＣＥ）およびイスラム諸国会議機構（ＯＩＣ）の代表からなる「コンタクト・グループ」が７月16日ドゥシャンベで結成された。さらに「相互了解協定」によって１９９７年７月７〜11日、ヌリＵＴＯ代表を議長とする最初の国家和解評議会（ＣＮＲ）のメンバーによる顔合わせがモスクワで行われ、この時の会議で相互免罪令を採択し、７月14日大統領の署名を得た。そして恩赦法の草案を作成し８月１日国会（マジリシ・オリ）に提出、採択された。これによって捕虜の交換とＵＴＯ戦闘員の帰還が開始されたのである。その後ヌリＣＮＲ議長は亡命先のイランからドゥシャンベに戻り、９月15日ドゥシャンベで第１回ＣＮＲ会議を開催、まず政府側とＵＴＯ側同数の委員で構成する政治、法制、軍事、難民の四つの分科会を設置、さらに９月25日には一般合意実施の活動計画と日程表を採択した。政治分科会では政府要職の30％をＵＴＯに配分する問題と相互免罪令による捕虜の解放、法制分科会は恩赦法の実施と憲法改正の準備、軍事分科会では国内のUTO戦闘員の登録、アフガニスタン北部在留戦闘員の帰還準備、難民分科会はアフガニスタン北部に避難した難民の帰還開始など、それぞれの活動に着手した。特別代表は大統領とUTO代表の直接会話を推し進める一方でコンタクト・グループの活動調整を開始、UNMOTをはじめとする在留国連各機関はCNRに対する技術的財政的支援を開始した。さらに両者から要請のあったタジキスタン和平協定実施支援のための国際支援国会議は、11月24〜25日、オーストリアのウィーンで開催されることが決まった。この会議には45カ国、15関係国連機関、その他の国際機関やNGO17団体が参加、タジキスタンからはラフマノフ大統領とヌリCNR議長ほかUTO代表が出席した。政治的和解と民主化、UTO戦闘員削減と統合並びに軍事治安構造の改革、難民帰還と定着、復興と開発など和平協定の実施に6500万ドルの拠出を見込んでいた。その結果、この会議では1600万ドルの誓約があり、和平協定実施に直接つながる誓約は3900万ドルに上った。しかしタジキスタンにおける新たな人質事件の勃発など治安状態の悪化がドナー諸国に影響して実際に払い込まれた拠出金は1割ほどであった。

この人質事件は、1996年12月と1997年2月にも人質事件を起こしたリズボン・ソディロフのグループによるもので、11月18日、フランス人NGOスタッフ2人をドゥシャンベの自宅から拉致し、前回の人質事件の容疑で政府官憲に拘置されていた弟のボホロムの釈放を要求したのである。人質の一人はドゥシャンベにあった監禁場所から無事脱出したが、残る一人は11月30日、政府治安部隊の突入で交戦中に殺害された。続く政府側の攻撃によって武装グループのメンバー数人が逮捕され、首謀者リズボンは死亡したと報告された。この人質事件で無防備の人道援助NGOの外国人が犠牲になったことで、活動を中止するNGOや拠点をタジキスタン北部のホジャンドに移すなどの動きが見られ、国連は政府に対し国連関係者全員を収容できるようなコンパウンドの提供と警備を要請した。しかしUNMOT本部の建物の提供はあったがスタッフを保護隔離できる居住施設の確保はできなかった。ちなみに、このときのUNMOT外国人スタッフの陣容は軍事監視官59人、民政官および業務管理スタッフが31人である。

UTOに政府要職配分開始後も続く攻防：CNRでの和平協定の実施交渉もなかなか予定通りには進まず、1998年1月15日UTOは、政府側の政治努力が欠如しており、UTO政府要職配分の遅延、アフガニスタン北部のUTO戦闘員の帰還準備遅延、恩赦法施行の遅延などを理由に交渉を中止してしまった。一方政府側は、UTOからの政府要職候補者リストがないこと、UTO戦闘員の登録、武装解除、収容並びにドゥシャンベ東部の武装グループの統制などの条件が満たされていないと反論した。国連特使とコンタクト・グループの努力で、1月23日UTOは交渉の席に戻り、大統領はヌリ議長の提案通りアクバル・トラジョンゾダUTO副議長を第1副首相として受け入れることを表明した。さらに両者は、政府が恩赦法の実施促進、UTOは残る捕虜の全員解放並びに不法道路検問所の相互排除などで合意した。2月12日、政府は5人のUTOメンバーを閣僚レベルのポストに任命し、トラジョンゾダUTO副議長は2月27日に帰国、3月10日CIS経済関係担当第1副首相として着任した。

法制分科会では、和平協定による新たな国会議員選挙に先だって憲法改正の国民投票を実施するべく、UNMOTエキスパートの協力を得て憲法改正のねらいと改正原案を作成した。またCNRは政党活動法の草案を作成し国会に送った。軍事分科会は国内のUTO戦闘員の登録を進め、UNMOT軍事部は1月末までに戦闘員3500人が登録を済ませた10カ所の収容施設のうち8カ所の査察を行った。12月25日、アフガニスタンからの戦闘員帰還を促進するべく、CIS平和維持軍、ロシア国境警備隊、CNRおよびUNMOTの代表からなる軍事作業グループを設置した。難民分科会では11月15日、アフガニスタンからの難民3158人の帰還を完了し、1月13日には近隣の独立国家共同体（CIS）諸国からの帰還を開始した。また帰還難民の定着を進めるためにCNRは経済社会問題特別委員会を設置した。

3月に入ってまた両者の抗争が顕著になり和平協定実施の交渉は停滞した。3月24日、コファルニコンのUTO戦闘員が武装警察を攻撃し6人の死者を出し状況は険悪化。UNMOT

とCNRのチームが状況収拾のため現地に向かったが、銃撃戦が収まらないため無為に引き返さざるを得なかった。この間、政府側は40人の死者と17人の行方不明者を出し、兵士100人以上が捕虜となった。国連特使が政府、UTO、CNR並びにコンタクト・グループと調整を続けた結果、3月29日、CNRは捕虜の解放、現地にUTO守備隊を送り事態の責任を追及することを受け入れた。UTOは政府側の捕虜100人の解放を完了し、4月5日、両者が相互に撤退を開始し3月23日時点の状況を回復した。しかし4月29日、UTO戦闘員3人が刑事犯として逮捕されたことでドゥシャンベとテッペイ・サマルカンドの間の地点でUTOと政府軍の交戦が始まった。大統領はトラジョンゾダ副首相に事態の収拾を任せ、5月3日、停戦と両者の撤退、UTO戦闘員460人で構成された第25連隊と内務省との共同検問所の設置合意がまとまった。しかし両者の不信は深まっていく一方で和平協定の実施交渉は混乱と停滞状態にあった。UTOは政府要職の30%配分実施優先を主張し、政府は軍事協定の実現優先を主張して譲らず、UTOが戦力を保持している限り政府要職の配分は進めたくないというのが実情であった。国連特使並びにコンタクト・グループは両者に対し両者の主張の均衡を保った形で平行的に進行させる具体的な交渉目標を設定するよう勧告した。これを受けてCNRは4月29日、勧告に沿った独自の交渉内容と日程を作成し採択した。

この時期5月の議会における二つの逆行的決議が、和平のプロセスを再び停滞状態におちいらせた。まず、議会が5月21日、UTOトップリーダー、アクバル・トラジョンゾダとダブラト・ウスマンの二人の入閣案を否決したものの、大統領は次回の議会審議に再度提出することを約束したため、二人はそれぞれ第1副首相と経済および対外経済大臣の任務を事実上継続した。もう一つは、5月23日、すでにCNRで合意されていた政党活動法案を一方的に改定し、宗教を基盤とした政党を禁止することとした。これはUTOの中核であるイスラム復興党を実質的に排除しようとするものであり、和平協定の重要な柱を崩してしまうものである。CNRのヌリ議長は大統領に対し議会の決議が和平の一般合意に相反することに文書で強い抗議を行った。コンタクト・グループも大統領に対し和平に逆行する改定政党活動法に署名しないよう要請するとともに、UNMOTも各政党間の斡旋をはかり、問題の早期解決を働きかけた。6月2日、大統領とヌリCNR議長は、政府、CNRおよび議会の代表からなる和解委員会を発足させることで合意、問題の法案を検討し始めた。そして6月18日、和解委員会は、問題の法文を「宗教団体を政治目的のために利用することを禁止する」という表現に変えることでコンセンサスを得た。両議案とも11月の通常議会で承認されている。

UNMOTに対する敵対と一時撤退：相変わらずUTOと政府との間の挑発や攻撃が続く中で、UNMOTの監視活動はカラテギン渓谷における度重なる妨害によってさらに停滞が顕著となった。6月11日、タジカバド監視事務所のパトロールチームがホイト村付近で覆面の武装兵士によって拘束され4時間にわたって暴行を受けたうえ、所持品を強奪されるという事件が起きた。さらに7月20日、カラテギン渓谷のガルムに配置されているＵＮＭＯＴ監視チームのメンバー4人が殺害されるという惨劇によってＵＮＭＯＴの監視調停活動は頓挫してしまった。殺害されたのは日本人秋野豊政務官ほか2人の軍事監視官と現地人通訳で、タビルダラのＵＴＯ地域総司令官との協議の帰り、ラビ・ジャー分岐点から南3㎞ほどの地点で銃撃を受け全員が殺害されたというものである（**この事件は第Ⅱ章「国連監視チーム襲撃事件——秋野豊政務官の死」で既述している**）。これによってＵＮＭＯＴは即刻すべての監視事務所の活動を一時停止し全監視団員をドゥシャンベの本部に呼び戻し、さらにカラテギン地域にいるすべての国連機関の活動も停止させた。

7月22日、ラフマノフ大統領はアブドル・ラフマン・アズィモフ副首相を議長とし政府とＵＴＯの代表からなる特別委員会を発足させ捜査を行い、10日以内に結果を報告するよう指示した。9月1日、ＵＴＯは3人の容疑者を政府官憲に引き渡し、容疑者は取り調べのためドゥシャンベに送致された。この取り調べの過程で、ＵＴＯのコムソモロバドの野戦司令官がこの殺人を命令したことが申し立てられたため、政府とＵＴＯはこの重武装した異端野戦司令官に対する尋問の方法などについて対策を練った。

タジキスタン最高裁判所は、1999年3月26日、およそ1カ月をかけた裁判の結果、1998年7月20日、4人のＵＮＭＯＴ要員を殺害したとして起訴されていた3人の容疑者を有罪とし、殺人とそれに関わる罪で死刑を宣告した。この裁判は公開で行われ、UNMOTからも代表が傍聴した。この判決後コフィ・アナン国連事務総長はラフマノフ大統領に親書を送り、この惨劇は被害者の遺族だけでなく、紛争解決と世界平和の構築のために職員を送り出すすべての国際機関の心の痛みとして決して消えることはないことを強く訴えた。同時に国連の基本原則として極刑には反対する立場から死刑判決の減刑を要請した。

UNMOTは5月の国連本部の決定によって、1998年7月20日のUNMOT要員殺害事件以来閉鎖していた地方の監視事務所のうち、6月1日にホログ事務所を、6月21日にはホジャンド事務所を再開し、それぞれ軍事監視官5人と民政官1人を配置した。

さらに8月17日にはUNMOT警備官が自宅アパートで撃たれ死んでいるのが発見されるという事件が起こった。政府官憲が捜査を行い、国連も集中捜査を行った。10月になって国連捜査チームは政府捜査官との協議を行ったが見解は分かれ、政府当局の主張通り自殺として決着してしまった。この事件とほぼ同じ頃の8月18日、タジク政府は国連特別代表に対し、反逆者グループが治安撹乱の目的でテロ活動を活発化しており、外国人人質拉致の危険もあるという警告を伝えた。これによって、国連事務総長が危険回避のために一時避難するよう指示を出したため、タジキスタン国内で活動する国連機関は基本的主要機能を残してすべての外国人スタッフをタシケントへ避難させた。しかし10月末までには避難したほとんどのスタッフがドゥシャンベに戻っている。

国連関係の事件だけでなく和平協定に関わる治安情勢もまったく改善の兆しは見えず、8月の半ばと下旬にはツルサンザデ近くの地区長とツルサンザデ市長がともに銃撃され死亡するという事件が報告され、政府はこれらを経済社会的な混乱を引き起こし和平協定実施を妨害しようとするグループの仕業であると発表した。9月22日にはUTOの有力者でCNRのメンバーでもあるオタホン・ラティフィがドゥシャンベの自宅前で何者かによって銃撃を受け殺害されるという事件が起きた。UTOは、9月25日CNRのメンバーに対する政府の警護強化とラティフィ殺害犯人の即時逮捕を条件に、CNRと政府ポストの活動を一時停止してしまった。このため大統領とCNR議長が2度にわたって会見し、この危機を乗り越えるため、また和平協定を確実に継続推進するための合意事項を発表してUTOは正常活動に戻った。同時期9月23～26日、アフガニスタンに在留していた最後のUTO戦闘員グループ157人はCIS平和維持軍に護送され帰還した。UNMOTは南側国境からドゥシャンベまでの帰還監視を行い、最終集合地のタジカバドには7月20日の事件による治安上の理由で同行していない。これによって12月25日、ヌリCNR議長は正式声明を発表し、UTOは国外の戦闘基地をすべて閉鎖し、戦闘員はすべてタジキスタンに帰還を完了したことを宣言した。さらにヌリ議長は、軍事協定にもとづき1999年早々にはUTOの戦闘組織を解体する予定であることも明言した。

前年8月以来カトロン州から姿を隠していた元政府軍第1連隊のムハマド・フドイベルディエフ野戦司令官の部隊が、1998年11月3日、産業の中心地であるホジャンドとレニナバド州を武力攻撃し支配下に置いてしまった。フドイベルディエフは以前政府軍の大佐で1997年8月、カトロン州のシャルトゥスで反政府行動を起こして追放されており、逃亡先などは不明であった。彼はホジャンド全市と空港、それにドゥシャンベをつなぐ主要山岳道路を押さえたため地形的な利を得てレニナバド州を孤立させ支配下に置いたうえ、再び政府に対し要職の割り当てを要求した。しかし政府軍はUTOの協力を得て11月6日、反撃を開始、10日までにはレニナバド州全域の制圧を完了した。この戦闘によって110人の死者と900人の負傷者を出し、このうち半数以上が一般市民であった。その後フドイベルディエフの所在は不明である。この戦闘によってウズベキスタンとタジキスタンの関係はさらに悪化することになった。タジキスタン政府は、フドイベルディエフがウズベキスタン側から侵入したことを指摘、フドイベルディエフの攻撃はウズベキスタンの支援によるものとして政府外務省が抗議声明を発表しただけでなく、開催中の議会は国際社会に対しタジキスタンにおけるウズベキスタンの侵略と干渉に対する処置を訴える決議を行った。しかしウズベク政府はこれを全面否定し、かつ現状では安全の保証がないとして治安を理由に駐ドゥシャンベ臨時代理大使を本国に呼び戻した。

軍事協定の進捗：ＵＴＯ戦闘員登録が進行する中で軍事協定の第２段階に規定されているＵＴＯ戦闘員の収容と武器管理が一向に進展しないことで政府側は神経を尖らせていた。１９９８年12月30日、ドゥシャンベのＣＮＲ前で二つのＵＴＯ戦闘グループ同士の銃撃戦があり、死者５人、負傷者６人を出したことでヌリＣＮＲ議長はＵＴＯ側で軍事協定第２段階の実施が遅滞していることを認めざるを得なかった。その結果、１９９９年１月５日、ＣＮＲは正式決議を行い、すべての戦闘員に対し集合地に戻り携帯している武器を指定の武器保管所に預けるよう呼びかけなければならなかった。

この時期、両者の交渉の主な争点となっていたのは次の点である。

- 90人のＵＴＯ刑事犯に対する恩赦
- 登録を完了したＵＴＯ戦闘員の即時政府軍統合
- 政府要職の30％配分における13人のＵＴＯ候補者の受け入れと地方行政官の任命
- 特にミルゾ・ジオエフＵＴＯ司令官の国防大臣任命
- 憲法改正案の策定促進
- ガルム、タジカバド、ジルガタル地区のＵＴＯ戦闘員登録促進

1999年3月2日、コンタクト・グループを交えてラフマノフ大統領と閣僚がCNRの代表と会い和平促進について話し合った。そこで大統領は前記の点に関し閣議とCNRに対し特別な対処を行うよう指示を出し3月12日までに結果を報告するよう命令した。しかし和平実施は顕著な進展を見なかった。

軍事協定の進捗に関しては、CNRの報告によると6238人のUTO戦闘員が登録を完了し、CNR軍事問題分科会の合同中央審査委員会の適性審査の結果、内1917人が兵役解除となった。この兵役解除は軍事協定の第3段階で行われることになっているが、第1〜第2段階の条件である戦闘員の指定集合地への収容と武器の保管管理が完了していないために、第3段階の兵役解除だけが先行した。さらにCNRから、宣誓を行った2375人の元UTO戦闘員の政府軍統合が報告されたが、UNMOT監視団は前年の殺害事件以来、現地監視活動を中止しているので事実確認の査察は実施していない。内訳は、国防省が手続き中の者を含めて924人、内務省304人、国境警備隊1107人、非常事態委員会40人となっている。しかし現実には国境警備隊を除き、事実上の指揮統率系統、給与支払い並びに支給品配給を含む兵士の処遇などの点で政府の管理がゆきわたらず統合が完了したとは言えない状況であった。このため統合されたUTO元戦闘員が政府軍の処遇に不満を募らせている一方、残るUTO戦闘員の登録・統合を妨げているだけでなく、武器を携帯したまま集合地を離れた戦闘員による略奪などが地域住民に対する不安要因を作り出していることが愁眉の的となってきた。悪化していくこの問題を憂慮した政府とUTOの要請を受けて、UNMOTは軍事協定の実施促進のためとして元UTOからなる統合部隊に対し2カ月間に限り食料およびその他必需品の支援供給を行った。またUNMOTは、除隊したUTO元戦闘員と残る戦闘員の除隊促進のためウィーン支援国会議によって拠出された資金を元に国連の人道援助機関や開発援助機関を通じた復興改修支援、雇用・所得確保プロジェクトを開始するべく積極的に動き出した。

◆民主化支援：憲法改正、大統領選挙、国会議員選挙終了

憲法改正国民投票：憲法改正に関しては、CNRの協議が次の点で合意に達し3月26日付で大統領に提出された。

- 大統領並びに国会議員の立候補は個人または政党の推薦による。
- 行政制度としては大統領制を継続する。
- 国会は専従議員による2院制とする。
- 最高裁判所判事の任命権は、法務大臣から大統領が任命する新しい最高法制評議会に移管する。この評議会のメンバーは議会、高等裁判所、学術会議、法曹協会などの推薦による。

∀地方行政官の任命権は大統領から地方議会に移管する。
∀政教分離にかかわる個人の自由に関する憲法第二章の改定。

これに対し大統領は4月3日の返書で、最高裁判事の任命権については一部同意、地方行政官の任命権と憲法第二章の改定については全面否定したが、その他については基本的に同意を示した。UTO側が議長となっているCNR法制分科会では、14カ月かけて政府側との合意に至った結論を大統領が即座に否定したことに強い不満の意を表した。またこれによって憲法改正案が5月の議会を通過することは困難となり、続く国民投票と国会議員選挙を遅らせることは避けられなくなった。これはこの年11月に任期が満了するラフマノフ大統領が、次の大統領選挙前に国会議員選挙を実施したくないため、CNRの憲法改正案に対し些細な点を理由に意図的に反対し国民投票の時期調整をしたと見られている。

5月5日、UTO代表ヌリCNR議長は、ヤン・クビシュ国連事務総長特別代表に書簡を送り、特にCNRの憲法改正案に対する大統領の反応、恩赦実施の遅延、ミルゾ・ジオエフUTO司令官の国防大臣就任拒否をはじめとした政府要職配分の遅延など和平実施交渉における多くの未解決問題を訴えた。これにもとづいてUNMOT並びにコンタクト・グループが活発に動き、5月14日の特別国会ではおよそ5千人のUTO戦闘員と関係者が対象となる恩赦法が採択された。これにより状況は改善されたかに見えたが、93人の刑事犯が恩赦から除外されたことによってUTOが反発し5月24日、CNRの活動を停止した。コンタクト・グループの更なる努力で両者はワーキング・グループの設置に同意、1カ月半に及ぶ膠着状態の末、会話が再開した。その結果ワーキング・グループは6月16日、交渉課題のリストと取り組みの時間的枠組みを決めた文書の合意に達した。これをもってヌリ議長が大統領と会い、協議の結果、正式に「6月17日協定」として両者がこれに署名した。この6月17日協定の署名によって、和平の重要議題は加速的進展を見た。まず、憲法改正は次の点で合意され、国会はこれに関わる国民投票を9月26日に行うことを決めた。

憲法の主な改正点

➤2院制国会の確立。
➤下院選挙は平等、直接、秘密投票とする。
➤上院の75%は地方議会の間接投票により、残る25%は大統領の指名による。
➤各段階の裁判所判事の任命と解任を決める司法評議委員会の設立。
➤宗教を基盤とした政党の明確な認定。
➤大統領任期を5年から7年に延長し、再選を認めない。

さらに大統領とCNR議長は、国民投票後に新選挙法を制定することで合意した。そして、この協定の署名後、新たに12人のUTOメンバーが政府要職に任命され、合わせてUTO側要職者は33人となった。地方行政官ポストも22席がUTOに配分され、11人が大統領令によって市長に任命された。6月30日の議会では、非常事態委員会の省への昇格が承認され、国防大臣をねらっていたタビルダラ出身のUTOミルゾ・ジオエフ司令官が新しい非常事態省大臣に就任することとなった。これによって停滞していたタビルダラ地域でのUTO戦闘員の登録と政府軍統合が急進展し始めた。こじれていた93人の刑事犯に対する恩赦問題は、CNR内にパネルが設置され58件が再検討され、47件について恩赦対象の提言がされたが決定には至っていない。また、25％のUTO配分を決めた一般合意にもとづいて4人のUTO中央選挙管理委員会委員が議会で承認された。このうちUTOは副委員長職とさらに25％の地方選挙管理委員会委員任命を求めているが、まだ決定を見ていない。大統領選挙と国会選挙の順序も、現大統領任期が11月6日、国会議員の任期が翌年2月に満了することからその順序通りに行うことで両者が了解した。

1999年8月3日、UTO戦闘員の政府軍統合により、UTOはUTO武装構造の解消を宣言し、同日CNRが承認の決議を行った。これにより、1993年以来政府によって政党活動を禁止されていたUTOの政党合法化の道が開けたわけである。8月13日、タジキスタン最高裁判所がUTO傘下の政党と政治活動グループ、すなわちイスラム復興党、タジキスタン民主党（アルマティ派）、ラリ・バダクシャン運動、ロスタヘズ運動に対する政治活動禁止を解除した。まずイスラム復興党が9月18日、1993年以来初めての全国大会を組織し、1998年11月に改正された政党法に準拠した党綱領を採択した。これを受けて、法務省はイスラム復興党を再登録し、あらゆる政治活動を認める手続きを行った。また1993年以来発行禁止となっていたイスラム復興党機関紙『ナジョット』が9月7日、初めて合法的に発行された。

UNMOT元戦闘員の社会復帰支援：CNR軍事問題分科会議長の発表によるとUTO武装構造の解消宣言の時点で、前UTO戦闘員のうち2400人が兵役解除となり市民生活に戻り、4275人が政府軍統合となっている。政府側の発表によればUTO統合のために兵士6千人分を確保したとのことだったが、UTOの統合部隊のほとんどは事実上政府軍の命令系統には属しておらず、給与、制服、食料、兵舎など兵士の処遇もほとんど保証されていない。一方、武器携帯のまま兵役解除となった元UTO戦闘員が生活のために略奪や窃盗問題を起こし社会不安を引き起こしていることから、国連はこれらの元戦闘員の定着化と戦闘で破壊された公共施設の復興のために、6月、タジキスタン和平の推進のためとして、まだ国連の安全基準を満たしていないカラテギン渓谷地域5地区で労働集約的な公共事業による雇用促進事業の開始を認めた。これは国連タジキスタン信託基金からノルウェイの和平支援拠出金50万ドルを元に国連プロジェクト・サービス部（UNOPS）が実施を担当し、当地域で元UTO戦闘員のために降雪時期までの5カ月間に約700人の雇用を創出しようとするプロジェクトである。この事業はその後さらにアメリカ（115万ドル）、カナダ（35万ドル）の支援を得て拡大し、降雪のため事業を中断した12月時点までで約80件の復興改修事業を行い、合計1200人の雇用を創り出した。

（このプロジェクトについては第Ⅲ章「国連タジキスタン監視団〈UNMOT〉：民政部／民政官　元UTO戦闘員雇用促進プロジェクト」で詳述している）

また、UTOの武装構造解消宣言に続いて8月5日から25日まで武装解除を促進するためにCNRの主要メンバーによる全国武器回収キャンペーンが行われた。しかし武器返還の呼びかけにもかかわらずキャンペーンの結果には見るべきものはなく、有効な武器のほとんどは依然としてUTO元戦闘員やその他のグループのメンバーが保持していると見られている。特に1998年にアフガニスタンからのUTO戦闘員帰還の際に集められた主要武器の回収はなかった。

この時期タジキスタンの治安情勢は比較的安定していたが、8月23日、ウズベキスタンのフェルガナ盆地を拠点としていた反政府テロリスト、ジュマボイ・ナマンガニ野戦司令官のグループによる日本人JICA専門家4人を含む人質誘拐事件が、タジキスタン国境付近のキルギス領オシュ州アルティインジルガ地区で発生した。ナマンガニはウズベキスタンから追われた後、ソ連時代から反政府活動の同胞であるタジキスタンのUTOがいるカラテギン渓谷で活動をともにしていたが、タジキスタンの和平プロセスが進展し、8月3日の政府軍統合によるUTO武装構造解消宣言によってナマンガニ・グループ戦闘員のカラテギン渓谷の滞在が困難となった。このためキルギスを通過しウズベキスタンに戻る途中、活動資金の確保のために8月13日の人質事件に続き、この人質事件を起こしたものと考えられている。8月23日、偶然にも武見賢三外務政務次官と塩尻外務省新独立国家室長などからなる日本政府ミッションがチャーター機でドゥシャンベに到着する日に起こったこの人質事件は、およそ2カ月後の10月25日に最後の人質である日本人4人全員が解放されて解決を見た。

（この事件については第Ⅵ章「UNMOTエピソード　日本人JICA専門家人質事件」で詳述している）

大統領選挙：9月26日の憲法改正国民投票は予定通り実施された。中央選挙管理委員会の発表によると、72％が改正に賛成し、憲法は「6月17日協定」で合意されたとおり改正されることとなった。これに続く大統領選挙では立候補者の登録手続きをめぐって出だしから混乱状態となった。大統領選立候補予定者は、人民民主党のラフマノフ現大統領、タジキスタン正義党のサイフィディン・テュラエフ、タジキスタン民主党（テヘラン派）のサルトン・クバトフ、イスラム復興党のダブラト・ウスマンの4人である。大統領選挙法によって、候補者として中央選挙管理委員会に登録をするためには、総有権者の5％、14万5千人の署名が必要とされているが、必要署名を集めて登録したのはラフマノフ現大統領だけであった。他の立候補予定者は、地方の行政レベルでの妨害のために充分な署名が集められないとして、10月7日、特別国会の召集を求め大統領選投票日の延期と署名収集の妨害をした行政責任者の処分を求め、それが認められない場合は大統領選挙をボイコットすると宣言した。10月9日、更なる混乱を避けるべく国連特使と欧州安全保障協力機構（OSCE）代表は3人の立候補予定者と中央選管との協議に同席したところ、中央選管は3人の申し入れを受けて登録締切日を10月11日まで延長し、地方行政責任者には署名収集の協力をするよう要請した。しかし、妨害に対する事実調査は行っていない。10月12日、中央選管はいずれも必要署名を集めることができなかったとして結局3人の立候補登録はできないと決定した。

一方、UTOは10月10日、中央選管の対応に抗議して4人のUTO代表委員を呼び戻した。ヌリCNR議長は3人の訴えを支持して、最高裁判所に苦情を提訴するようCNRの決議を行った。10月14日、ヌリ議長はUTOのリーダーとして次の点の即時実現を求め大統領選挙のボイコットを盾に最後通牒を出した。

➤大統領選の延期を決める特別国会の開催
➤署名収集に関わる妨害の排除
➤報道における立候補者の平等な扱い
➤すべての選挙管理委員会で全政党の代表委員の受け入れ
➤国連、OSCE、その他の国際機関による大統領選挙直接管理

これに続いて、10月18日UTOはCNRの活動参加を停止した。この翌日、UTOの副議長であり政府の第一副首相でもあるアクバル・トラジョンゾダがヌリ議長の政治的判断に反する行動をしたとして、UTOとイスラム復興党から除名処分になったことが発表された。10月21日最高裁判所は、署名収集妨害の審議を地方裁判所に委ねると同時にダブラト・ウスマンが所定署名を集めたと申し立てたという中央選管の報告を元に中央選管に対しウスマンの立候補登録を認めるよう命じた。これによって10月22日ウスマンは中央選管によって登録を認められたが、ウスマン自身は所定の署名を集められていないという主張を繰り返し登録を拒否した。しかし11月1日中央選管は、大統領選投票用紙は二者択一でラフマノフ現大統領とウスマン候補の名前が載っていることを発表した。これはタジキスタンの和平過程の中でラフマノフ現大統

領の単独選挙では、国際社会から民主的選挙によって選ばれた大統領という認定を得られないことを危惧した政府側の窮地の策と見られる。11月5日の大統領選挙前夜、ラフマノフ大統領とヌリ議長が、来る国会議員選挙における政治的保証に関する22カ条の協定に合意することで、翌11月6日の大統領選挙はUTOの参加を得て予定通り実施された。その結果、ラフマノフ現大統領が任期7年の次期大統領に再選された。中央選管の発表によると投票率は98・91％で、うちラフマノフ候補が96・97％、立候補登録を拒否し続けたウスマン候補が2・11％の得票であった。さらに中央選管は、国連と欧州安全保障協力機構（OSCE）が選挙監視に公式参加しなかったことを特記しながらも、80人の外国人オブザーバーが選挙監視に参加したことを報告した。この大統領選挙に先立ち国連は中央選管に対し、大統領選挙監視はUNMOTの公式任務に含まれていないため行わないことを伝えた。しかし来る国会議員選挙の監視を適正に行う準備のためとしてUNMOT各地方事務所を拠点とした民政官による非公式投票調査を行った（**このUNMOT民政官による非公式調査については第Ⅲ章「国連タジキスタン監視団〈UNMOT〉：民政部／民政官　選挙監視――大統領選挙」で詳述している**）。一方OSCEは11月5日「対立候補が出て来られないという状況は、1990年のコペンハーゲン宣言に反しており、この状況をかんがみOSCEがタジキスタンにおける大統領選挙の監視を行うことはできない」と発表し、EUも同様の発表を行った。

国会議員選挙：大統領選後11月8日に通常活動に戻ったＣＮＲは、直ちに国会議員選挙法の最終案策定に取りかかり、12月３日、大統領とヌリＣＮＲ議長の間で問題となっていた上下両院の定数を、それぞれ33議席と63議席とし、それに関わる地方議会の選挙時期については下院選挙と同時実施ということで基本合意が成立した。これにもとづき新選挙法案は12月10日、無事国会を通過した。12月14〜17日、国連とＯＳＣＥは、次の国会議員選挙に備え両国際機関が選挙監視を行うための条件として法制度、管理体制、政治環境など総体的な枠組みが整っているかどうかを判定するための第３次合同調査団を派遣した。その結果、合同調査団は、選挙法に多くの問題点があることを指摘したものの多数政党による競争選挙が期待できる状況を考慮して、国連とＯＳＣＥは共同で国会議員選挙の監視を行うべきであると結論した。

12月の合同調査団の勧告により、国連とＯＳＣＥは合同で１９９０年のコペンハーゲン宣言にもとづいた選挙監視を行うことに合意した。ＯＳＣＥは２０００年１月早々13人の長期監視員を含む23人の監視団を送り込んだが、国連は監視団の派遣資金確保に手間取り、やや出遅れて２月になってから５人の選挙専門家チームが到着した。結局ＯＳＣＥチームが中心となって選挙監視体制を作り、国連チームは選挙分析を担当することとなった。２月６日、下院議員立候補の届け出が締め切られ、定員63議席に対し３３１人が立候補した。このうち２２３人は、小選挙区41議席を争う政党公認候補と独自候補で、残る１０８人が政党別の比例代表22議席を狙う比例候補である。

合同監視団は、タジキスタン国内から国連機関やその他の在留国際機関・NGOなどの協力を得て短期選挙監視員86名のボランティアを集め、全国をカバーする投票当日の監視体制を整えた。まず、短期監視員はドゥシャンベの合同選挙監視本部で選挙の概要、投票日前と当日の監視活動、安全行動と緊急避難などに関するブリーフィングを受け、投票日の3日前に国連の車両でそれぞれの担当地区に向かった。2000年2月27日の投票日当日、全国に配置された監視員は、合計2761投票所のうち、およそ300カ所の投票所を巡回監視した。短期監視は前日の地域概況視察に始まり、当日は朝6時の開場から夜8時の締め切りまでの投票監視、その後、投票所ごとの開票集計から地方選管での結果集計まで見届けなければならない。地方によっては選管での集計が明け方までかかることも稀ではない。UNMOTはホログ、ホジャンド、クリヤブ、クルガンチュウベの四つの現地事務所に加え、選挙のために一時的に開設したガルム事務所を通じて、車両、通信機器、地域本部事務所などの提供による全面的な支援を行い、加えてそれぞれの現地事務所の民政官らは政治経済社会など総体的情勢分析、軍事監視官が通信網と治安情報を担当した。

選挙前の治安情勢としては、2月初めにドゥシャンベ市内の公共バス爆破事件で24人の死傷者を出し、2月半ばには政府側の有力者でドゥシャンベ市長のウボイドロエフを狙った爆破事件があり、彼の車に同乗していた前公安省副大臣で下院選挙に立候補中のジョビロフが死亡、さらにホジャンドで選挙活動中の元UTO幹部トラジョンゾダ第一副首相を巻き込んだ銃撃事件があり警備の警官が二人死亡、市内3カ所で同時爆破事件があり、そのうちの一カ所は私のアパートの1階で死傷者は出なかったものの3階の自室窓ガラスが吹き飛んだ。選挙前の緊張は高まっておりUNMOTスタッフには公共の場所への出入り制限など注意勧告が出されていたが、投票日当日には特に目立った治安問題は報告されなかった。この日、日本からは前外務次官、武見賢三参議院議員を団長とする選挙監視団が訪れている。

翌2月28日、合同監視団は国会議員選挙の監視結果について予備的な所見と結論を発表した。まず、戦闘関係にあった元反政府勢力を含めた、この国初めての多数政党選挙が非暴力的な環境で行われたことを評価した一方で、この選挙が最低限の基準を満たしていなかったことを指摘した。中でも特に、立候補届出登録過程での選挙管理委員会の独立性確保の欠如並びに投票者登録、投票用紙作成、集計、経過発表、結果公示などにおける透明性の欠如などの欠点を列挙している。また、投票日当日における代理投票は監視した選挙区の68%、身分証明書類なしの投票が67%に及んだと発表した。

続いて3月1日、中央選挙管理委員会が第一次投票の予備的な結果を発表した。それによると投票率は93・23％で、与党人民民主党が33議席を確保しうち小選挙区18議席比例区15議席、共産党7議席（小選挙区2、比例5）、イスラム復興党2議席（比例のみ）であった。残る民主党、正義党、社会党などは法定最低得票率5％が得られなかったため下院の議席を得ることはできなかった。政党に属さない独立候補は8小選挙区で当選したが、中央選管はうち2選挙区での当選を無効と判定し、4月下旬に再選挙を行うことを決めた。また過半数を得票した候補者が一人もいなかった12選挙区では、3月12日に上位2者による決選投票が行われ、与党人民民主党が7議席、独立候補が3議席を取り、残る2議席は発表になっていない。上院議員33議席の選挙は3月23日に実施され、うち25人が地方議会によって選出され、残る8人は大統領によって指名された。

3月26日、UTO代表アブドロ・ヌリCNR議長はコンタクト・グループ各代表と報道関係者を招き、1997年のタジキスタン和平に関する一般合意にもとづいて設立されたCNR「国家和解評議会」最後の会議を招集した。この会議には政府側から代表としてタルバク・ナザロフ外務大臣が出席し、結論として両者ともにCNRが和平の一般合意に規定された課題を一部未解決のまま残していることを認識し、今後も適当な政府関係機関が継続して対処するべきということで一致した。「国家和解評議会」は、2000年4月1日、大統領令にもとづき正式に解散した。
1994年12月に設置された国連タジキスタン監視団も5年以上に及んだ任務を完了、2000年5月末日をもって解消とし、新たな政治ミッション「国連タジキスタン・ポストコンフリクト・ピースビルディング事務所」がこれにとって代わりタジキスタンの平和構築を見守ることとなった。

これによってタジキスタンの平和が完全に確立したわけではない。武器徴収の強制執行を巡る元UTO戦闘員部隊と政府機動部隊との摩擦は未だに続き、白昼の市内中心地でUTOの武装反抗分子が仕返しのため警官をバスから引きずり出し何人も殴り倒すのを私自身も目撃した。さらに無頼漢スホロブ・カシモフ司令官が率いる内務省特別機動隊と大統領親衛隊とのいざこざも続き、大統領府の真ん前で銃撃戦があったことが報告されている。カラテギン渓谷の異端児ムロ・アブドゥロ野戦司令官は野放しのままで、彼とつながるウズベキスタンの反政府テロリスト、ジュマボイ・ナマンガニの戦闘グループが引き続きカラテギン付近を根城にしていることなど、タジキスタンの平和を揺るがす要因は未だ多い。

VI　UNMOTエピソード

◆UNMOT最初の犠牲者――軍事監視官スプンナー中佐の殉職（1995年9月）
◆カラテギン渓谷からの脱出――緊急避難行3昼夜（1996年12月）
◆UNMOT監視団員ほか人質事件（1997年2月）
◆家族思いの政務官――イバン・ティムネフの単独走行1500㎞（1997年12月）
◆夜間外出禁止令（カーフュー）違反事件始末記（1999年5月）
◆日本人JICA専門家人質事件（1999年8月）

タジキスタン全図

◆UNMOT最初の犠牲者——軍事監視官スプンナー中佐の殉職（1995年9月）

（当時のクルガンチュウベ監視事務所ホセ・カブレラ政務官とピアンジ監視事務所ムヒブロ・ズバイドロエフ通訳、ヤン・ソロカ現軍事部次長からの聞き取り）

内戦当時のタジキスタンの政府軍は国防省の組織下にあるとはいえ各部隊の独自統制による地域に根ざした武装集団（50～1000人）の性格が強いので、武器を持ったギャングか山賊などと言えないこともない。したがって各部隊のリーダーは野戦司令官と訳されるが、むしろ親分か統領という方が実態を表しているかもしれない。いずれにせよ地域の経済は、食用油、砂糖、小麦、医薬品、ガソリン、ディーゼルなどの流通統制や道路の検問などを通して、各地の有力な部隊が握っていたのである。当時クルガンチュウベには政府軍合わせて3連隊が配備されていたが、経済支配をめぐって第1連隊と第11連隊が対立していた。1995年6月、第11連隊のフィザリ・サイドフ総司令官が暗殺され、第1連隊の犯行によるものと見られて、両者間の緊張が高まっていた。政府官憲による容疑者サンジャ・サファロフの逮捕とUNMOTの介入もあってクルガンチュウベでの状況は一応安定の様相を呈していた。

UNMOTクルガンチュウベ監視事務所のオーストリア人軍事監視官ウルフ・スプンナー中

佐（51歳）は任務を終え、帰国のため2日後にはドゥシャンベに戻ることになっていた。彼は9月16日、地元要職者や各部隊の司令官、隣接するUNMOT事務所の監視チーム等を招待して離任のパーティーを開いた。翌17日早朝、カブレラ政務官は爆弾の音で目を覚ましたという。第1連隊のマハムド・フドイベルディエフ野戦司令官がクルガンチュウベから15㎞ほど離れたフィザリ・サイドフ村に駐屯する第11連隊に攻撃を開始し、第1連隊が第11連隊を包囲していた。スプンナー軍事監視官が本部ドゥシャンベに戻ることになっていた18日早朝に地元住民から斡旋介入の訴えがあって、彼は現状確認のためUNMOT本部に無線で連絡し、自ら予定変更の要請をして1日出発を延ばした。スプンナー軍事監視官はカブレラ政務官と現地人通訳マニュシェル・バコザデの3人で銃弾の中、被害状況や人道支援に関する状況調査に走り回った。そこでスプンナー中佐は両連隊の調停斡旋のため第11連隊イザトゥロ・クガロフ司令官に会うべくカブレラ政務官にも同行を求めた。カブレラ政務官は戦闘状態にある両連隊に出かけていくのは危険過ぎるし、今は武装勢力に対する直接斡旋の段階ではなく、政治交渉や一般市民の保護救済が先決だとして彼を引き止め、州知事に会いに行くことを主張した。スプンナー監視官は州庁舎でカブレラ政務官を降ろすと通訳を連れUNMOTパトロール車に乗って出かけていった。ちょうど昼頃のことである。彼はまず第11連隊の本部に行ったがクガロフ司令官が不在だったため、案内に第11連隊副官タバラリを自動小銃を持ったまま同乗させクガロフ司令官が滞在するコルホーズのダーチャ（ゲストハウス）に向かった。ダーチャに入る直前で第1連隊の兵士に取り囲まれ、兵士がタバラリ副官に武器を捨てて車から出るよう要求したため、スプンナー監視官はそれを拒否し車をUターンさせ現場を離れた。それを阻止しようとした兵士達は副官タバラリを狙っておよそ100m後方から発砲したため銃弾は車を運転していたスプンナー監視官に命中し後頭部を貫通、監視官はほとんど即死だった。一方、同乗の副官も顔面に銃弾を受けたが致命傷ではなかった。この時通訳のマニュシェルはシートに身を伏せたため無傷だったのでカブレラ政務官に無線で銃撃を知らせ、無線機に向かってスプンナー中佐の負傷を叫びつづけた。副官タバラリはそこで運転不能のスプンナー中佐を座席の横に押しやり自分で車を運転して逃れ、味方第11連隊の兵士が到着し応戦し始めると気を失ってしまったという。二人ともすぐに近くの病院に運び込まれたが、スプンナー監視官の命が戻ることはなかった。このスプンナー中佐の死亡によってUNMOTはクルガンチュウベ監視事務所の一時撤収を決め、政府上層部の介入によって状況が沈静する11月末までUNMOT事務所は閉鎖された。

この事件についてはいろいろな思いがよぎる。そもそも、これはUNMOTが任務として関わっている反政府勢力との対立問題ではなく政府軍部の内紛である。なぜ帰国直前に、それもわざわざ出発予定を延ばしてまでこんなことにならなければならなかったのか、もし本部が彼の滞在延長を拒否していれば、もし彼がカブレラ政務官の制止を聞いていれば、もし銃を携帯した副官タバラリが彼の車に乗っていなければ、などなどである（地図参照）。

◆カラテギン渓谷からの脱出――緊急避難行3昼夜（1996年12月）
（当時のガルム監視事務所ムヒブロ・ズバイドロエフ通訳からの聞き取り）

１９９６年9月16日の「カラテギン合意」以後、状況はやや沈静化していたが11月に入って緊張が高まっていたため、12月2日、ＵＮＭＯＴガルム監視チームはカラテギンのＵＴＯ野戦司令官３人と政府軍や地方要職者などを招いて緊張緩和のため両者交流の会食を開いた。この席では、両者の対立感情などは見られず和気藹々とした雰囲気の中で近々攻撃が始まることなどはないと断言していたという。翌12月３日早朝（この日付はＵＮＭＯＴの公式記録と一致していない）、反政府勢力によってガルムに対する一斉攻撃が始まり、ＵＮＭＯＴチームは町のあちこちで火の手が上がるのを目撃し、さらに周りを取り囲む急峻な山の峰に多数の兵士が配置されているのを確認。午前中にガルムにある政府の要所は反政府勢力に占拠された。これに対応して政府軍は午後に入ってすぐヘリコプターでガルム中心地に反撃を開始した。この当時のＵＮＭＯＴ監視事務所は市役所のすぐ裏手にあり、状況が極めて危険になったため、本部からの指示によってその晩はガルムの東40㎞のタジカバドまで避難した。翌４日早朝、監視のためガルムに戻ってみると、反政府勢力は完全にガルムを占領しており、政府軍はガルム空港で完全に包囲されたまま身動きがとれないでいた（地図参照）。

一方、ドゥシャンベ・チームは12月3日朝、ドゥシャンベ－ガルム道路をパトロール中、コムソモロバドに近いチョルサダで政府軍兵士に不法拘束され、暴行を受けたうえ車中の機材を強奪された。追放後も背後からの発砲によって威嚇されたためハキム渓谷から山中に入り込まざるを得ず、反政府兵士の案内で深い山を越えてホイトに出てジルガタルからＵＮＭＯＴ監視事務所のあるガルムに向かった。この間、案内の反政府兵士は途中の部落で休息・食事の提供と丁重な扱いをしている。4日の午前中ガルム事務所に無線連絡が入りドゥシャンベ・チームがジルガタルからガルムに着いたのは昼近くなってからであった。ここでガルム・チームではかなり激しい議論があったという。チームリーダーは、「カラテギン合意」もあり、これ以上状況が悪化することはないという判断とＵＴＯ現地司令官の安全の保証によって撤退せず監視を続けるという考えを示したが、他のメンバーは政府軍の攻撃が始まれば安全の保証などはないと主張して対立。ムヒブロ通訳も、もし明日までにチームがガルムを離れなければ自分は歩いてでもここを出る、もしも自分になにかあった場合はチームリーダー、貴方の責任ですと述べたという。最終的にＵＮＭＯＴ本部からの命令によってドゥシャンベに一時撤退することになった。しかしガルム－ドゥシャンベ道路約２００㎞は政府軍と反政府勢力の支配地域が入り乱れており危険なためカラテギン渓谷を北に抜けてキルギスのオシュからホジャンドに向かう迂回ルート（約１０００㎞）をとることになった。出発に先立ちこの時のＵＴＯガルム副総司令官ヤレジジョディン・ダブラトフ（のちのガルム市長）は、こころよくＵＮＭＯＴ事務所の監視を約束し即刻事務所を取り囲むように監視兵をつけた。UNMOT両チーム7人と国連プロジェクトのスタッフ合わせて12人のコンボイはその日の午後3時、ガルムを出発。真冬の冷たい雨が降る日であった。コンボイはガルムから東に約60㎞しか離れていないジルガタルで泊まるのを嫌い通過、そのまま北進しキルギス国境への山越えを強行する。雨の中雪深い道をゆっくりと進みパミール高原カラミク峠（標高3600m）を上り詰めて国境に着いたのは午後11時。キルギス国境警備隊の案内でキルギス側のカラミク村の安宿に入る。12人に対しベッドは3台しかなかったが、とにかく簡単に食事をしてすぐに寝る。ちなみに、ここの宿代は全員で12ドルであった。翌5日朝7時、オシュに向かって出発。ここから100㎞ほどは比較的平坦な高原の道が続き、その後150㎞はまた山越えで3千メートル級の峠を三つ越えていかなければならない。オシュに着いたのは1時過ぎで、すでにUNMOTから連絡を受けていたキルギス政府が公安省次官をオシュに送りコンボイを丁重に出迎えてくれた。コンボイは午後3時にオシュを出てホジャンドに向かった。オシュを過ぎると山岳地から離れた市街地や畑がある平坦道路であるが、タジク国境に着く前にすでに午後11時をまわっており、真夜中のこともありコンボイはコウカンドの手前で道に迷ってしまった。折よく通りかかった車を止めて道を聞いたところ、運転していた青年は親切にコウカンドまで道案内をしてくれたうえ、ホテルのアレンジをし、近くの食堂でシャシュリクやシュルボなど食事まで振る舞ってくれた。別れ際に名前を聞いたところウズベキスタン公安省の大尉で、オシュからタシケントに戻るところだということだった。翌6日朝7時、ホジャンドに向かって出発、午後3時にホジャンド到着。ホジャンド事務所に無線を入れるが応答はない（後日分かったことは、ホジャンド・チームは別の道でコンボイの到着を待っていてすれ違ってしまったらしい）。ホジャンド・チームと会えなかったコンボイはホジャンドでの休息もせず、そのままドゥシャンベに向かって続行することにした。途中ウラ・チュウベの分岐点でこのまま南下して深雪のアンゾブ峠（標高3300ｍ）に向かうか、さらに遠回りをしてサマルカンドを越えていくか決断を迫られていた。通常12〜4月の間アンゾブ峠は雪のため閉鎖されているのだが、その時ちょうどドゥシャンベからこの峠を越えてきたというトラックが通りかかり、アンゾブ峠はまだ通行可能であることが分かる。ただしこの道路はタジキスタンの産業中心地ホジャンドと首都ドゥシャンベを結ぶ主要幹線道路ではあるが、トルキスタン、ザラフシャン、ギサールの三つの山脈を越えていかなければならない。そのうえソ連時代に建設されて老朽化したこの道路は舗装も所々しか残っていない険しい山道であり、冬の間は閉鎖されるほど雪が深い地域である。それでも雪の山道をゆっくりと進みザラフシャン渓谷の谷底にある村アイニを過ぎ、さらに深い山を越えてアンゾブ峠に着いた時には午後8時を過ぎていた。アンゾブ峠を上り詰めると数人の人影がフロントライトに浮かび上がった。ドゥシャンベから迎えにきたＵＮＭＯＴ本部の同僚がここで待っていてくれたのである。お互い抱き合って無事を喜ぶ感激の対面であった。彼等の先導で曲がりくねった最後の最も険しい道を下り、ドゥシャンベの本部に着いたのは真夜中のことであった。それにもかかわらず本部では心配した同僚達ほとんど全員がゲート前で出迎えてくれたという。12月4日午後3時にガルムを出てから6日の真夜中まで3昼夜以上、約1000kmの緊急避難の強行軍であった。

◆UNMOT監視団員ほか人質事件（1997年2月）
（当時のドゥシャンベ本部ダブラット・サイドアリエフ通訳からの聞き取り）

1997年2月3日、ガルム監視事務所チームリーダー（オーストリア人）が病状を訴えていたので、診察のためドゥシャンベ本部のスイス人軍医にウクライナ人チームリーダーとスイス人の軍事監視官、それにダブラット通訳が同行、4人はパトロール車でガルムに向かった。診察の結果、病人のオーストリア人軍事監視官はかなりの高熱を出しており血圧も高いので本部に連れて帰ることになった。帰路途中、オビガルムを過ぎたところで自動小銃カラシニコフを抱えた兵士が多数乗った一台の車に追い越された。チームリーダーはちょっと心配になってガルムに戻ったほうがいいかもしれないなどと話していたところ、すぐ先の大きなカーブの陰で待ち伏せていた武装兵士に停車を命じられた。そこで強制的に武装兵士が乗りこみ幹線道路を外れて山中に入りカライナウという小さな村にある武装グループのキャンプに連れてこられ、全員一つの部屋に閉じ込められた。そして司令官が入ってくると、昨年12月に23人の人質を取ったグループのリーダー、リズボン・ソディィロフの弟ボホロム・ソディィロフであると名乗った（＊注：１９９６年12月20日ＵＮＭＯＴ監視団員９人他政府とＵＴＯの代表からなる合同委員会のメンバーを含む23人の人質事件で、政府が交渉にあたった結果、人質は翌21日には解放された。リズボン・ソディィロフ司令官はＵＴＯから政府に寝返った戦闘グループのリーダーである）。彼は、前回の人質で政府はアフガニスタンの北部にいる兄リズボンを連れて来なかったので、今回の要求は人質と引き換えに兄を連れ戻すことで、兄が戻って来れば人質に危害を加えるつもりはないと断言した。ボホロムはパトロール車の無線機でＵＮＭＯＴ本部との連絡を取るよう指示し、チームリーダーとダブラットは24時間パトロール車に留まることになり、交信時には必ずボホロムが来てダブラットに一言一句通訳することを命令した。しかしチームリーダーはボホロムの命令に素直には従わずボホロムとは対立していた。ボホロムは2日以内に兄リズボンと護衛８人をアフガニスタンから連れてくること、２日以内にリズボンが来なかった場合、さらに戦闘員40人の帰還を追加要求すると言った。この要求は無線でＵＮＭＯＴに伝えられた。政府はＵＮＭＯＴ並びにロシア政府と緊密な連絡を取り積極的に動き出し、さらにリズボンの武装グループがいるアフガニスタンの北部を統括するアハマド・シャー・マスード総司令官もドゥシャンベを訪れ政府の交渉に協力を約束した。２日後の２月５日、ボホロムはさらにドゥシャンベから国際赤十字委員会代表（女性）とその通訳、ロシア人３人を含むジャーナリスト５人を誘拐、６日には国連難民高等弁務官事務所（ＵＮＨＣＲ）のスタッフ

4人を白昼車ごと拉致し人質に加え、国際機関の人質は合計16人となった。2月7日には、政府から人質解放の交渉にきた公安省のサイダミール・ズフロフ大臣が捕らわれて人質になってしまったが、一方、国際赤十字委員会代表と通訳はその日に解放されたので人質は14人になった。2月8日、リズボン・ソディロフは自分の護衛兵士8人とともに政府のヘリコプターで帰還し弟ボホロムのキャンプに到着した。

2月10日、ダブラット通訳はボホロムに呼ばれ、人質のための食料がないのでUNMOTに伝え食料を差し入れるよう命令される。スイス人軍事監視官ニクラウス大尉に相談したところ、病気のオーストリア人軍事監視官をとにかくドゥシャンベの病院に送らなければならないとして、ダブラットはボホロムに病気の監視官を解放するならばUNMOTに要請し、食料は確保することを伝えた。ボホロムは参謀格のサイド・モクトルと相談し、しばらく経ってから、食料の調達に加え、戦闘で目を傷つけた自分の兵士も連れていき治療を受けさせることを条件に病気の監視官を解放することに同意した。翌11日、食料の受け取りと病気のUNMOT監視官と怪我をしているボホロムの部下の引き渡しは、オビガルムとドゥシャンベの中間にあたるファイザバドで行われることになった。カライナウのキャンプを出るにあたりボホロムは、もしもダブラットが2時間以内に戻ってこなければ人質一人を殺すと宣言した。ダブラットは途中道路状態も悪く検問所がいくつもあるのであと1時間は必要だと主張したところ、ボホロムは途中の検問所にはすべて話が通っているので問題はないとして30分は認めるがそれ以上はだめだと突っぱねた。午後2時頃出発、最初の検問所で停められたので、ダブラットが自分達はボホロムの人質であること、病人と引き換えにUNMOTから食料を受け取るためにファイザバドに行くところであることを伝えると、すぐに了解しゲートを開けて車を通した。ファイザバドでは時間が限られているため、病人を引き渡しUNMOTが揃えた食料・医薬品・毛布などの箱を積み込むとすぐに帰路に就いた。カライナウのキャンプに戻ったのは2時間15分後であった。中に入ってみると、人質が全員壁際に立たされており、ボホロムはダブラットにもそれを命じた。ボホロムはかなり興奮しており、検問所で何をしゃべったのか、何故しゃべったのかと詰問し、ダブラットはありのままを説明した。さらに検問所にはどれぐらいの兵隊がいたか聞かれたので、車から降りてはいないので兵隊が何人いたかは分からないと答えると、ボホロムはお前がしゃべったために彼等はまもなく攻撃をしてくると言い、もしも攻撃してきたら人質は全員殺すと言った。

2月12日、リズボン・ソディロフ自身が人質の前に現れ、政府が前の約束を守らなかったこと、アフガニスタンにいる40人の戦闘員が帰還できれば人質に危害を加えるつもりはまったくないことなどを説明した。しかし夜11時頃、ボホロムが突然人質のいる部屋に入ってきて、今からお前達のうち一人を銃殺するので15分以内に誰が犠牲になるかを決めろ、と言って出て行った。誰も自分が犠牲になるなどと言い出す者はいない。ボホロムは15分きっかりに戻ってきて、誰に決まったかを聞いたが誰も無言のままで答えなかった。するとボホロムは、前から対立していたウクライナ人のチームリーダーにお前だと言って、胸倉を掴むと引きずるように連れ出した。それから5分もせず深夜の雪山に銃声が響いた。その後、参謀格のサイド・モクトルが入ってきて穴を掘るので二人必要だから出てくるようにと言って出て行ったが、誰も動こうとはしなかった。しばらくして、モクトルが戻ってくるとロシア人のジャーナリストに向かって、人質の国連軍事監視官の一人が銃殺されたことを報道するよう命令した。彼はすぐに衛星電話でモスクワのラジオ局にレポートを送った。人質になった人達は、このレポートが30分後にはニュースとなってモスクワから世界中をカバーするラジオ・マヤック局から流れたのを聞いている。しかし翌13日、チームリーダーは殴られて顔はあざだらけで腫れ上がり服も血だらけのまま人質の部屋に連れ戻された。国際社会の注意を引き、交渉の緊迫感を高めようとするボホロム側の脅しであったのは不幸中の幸いである。

この間、ボホロムとロシアの副総理ビタリー・イグナテンコの間で人質解放交渉が進み、40人の戦闘員はアフガニスタンのマスードの協力によって集結し政府のヘリコプターで帰還したが、人質と戦闘員の交換交渉でもめて、なかなか妥協点が見つからなかった。2月14日の真夜中、ボホロムは突然人質に対して、政府が攻撃してくるので我々はここを離れさらに山の奥に入ると言った。食料と衣類を整えて全員徹夜で歩き続け山奥の部落に着いたのは朝の10時であった。ロシア人のジャーナリストの一人は途中の雪道で転倒し足をくじいたがそれでも強制的に歩かされ、スイス人の軍医は高齢のため遅れがちであったが同じスイス人軍事監視官ニクラウス大尉がいつもかばって歩き続けた。部落についた頃、上空を政府のヘリが飛び交っていたため人質は民家に分散させられた。ボホロムはラフマノフ大統領に衛星電話を入れ、ヘリコプターの偵察飛行を止めなければ人質を殺して、さらに山を越えてロミット渓谷に入りロミットにいる部下の戦闘員と合流すると伝えた。ニクラウス大尉もUNMOT特別代表に電話を入れ、ぜひ大統領に会ってヘリの飛行停止を説得するよう要請した。ラフマノフ大統領はボホロムに電話を入れ、直接会って話し合おうと提案し、もしその気があるなら明日でも自分がオビガルムに出かけて行くつもりだと言った。そしてもし自分が出かけて行く場合は、人質は全員解放するよう要求した。これに対しボホロムは、全員はだめだが半分ならいい、後の半分は40人の戦闘員と交換だと主張してようやく妥協点を見た。ボホロムは人質を集めると一人ずつ指差して、足をくじいているロシア人ジャーナリスト、高齢の軍医、UNHCRスタッフ3人にダブラットの6人を選び、お前達はオビガルムで解放だから今から山を下りろと言った。この時ダブラット通訳はニクラウス大尉が涙をいっぱいにためて泣いているのに気がついた。彼は以前からダブラットが最も親しくしている仲間である。ダブラットはニックに「俺はもう歳だから俺が残る。お前が代わりに行ってくれ」とささやくとニックは「何を言っているんだ。俺は独身だし、お前には家族がいる。俺のことは心配するな」と言ったので、ダブラットはボホロムのところに行き自分が残るからニクラウス大尉を行かせてくれと頼んだ。するとボホロムは即座にだめだと言い、「誰を残さなければならないか俺はよく分かっている、お前が行きたくないのならお前も残れ」と言い捨てられたのであきらめたという。6人の人質は4頭の馬に乗って山を下り数時間後、オビガルムの手前7㎞ほどのところにある政府軍のキャンプで止まり、そこからはミニバスに乗ってオビガルムにある政府軍の連隊本部バラックに入った。2月16日夜9時から11時までおよそ2時間に及ぶ協議の末、6人の人質は解放され、国連特使の指示でその夜のうちにドゥシャンベに戻った。翌日大統領がオビガルムまで来てボホロムのグループ代表と交渉を続けた結果、残る7人も山を下り無事に解放された（人質解放の日時と人数についてはダブラット通訳の記憶と公式記録は一致していない）。（地図参照）

◆家族思いの政務官――イバン・ティムネフの単独走行1500㎞（1997年12月）

イバン・ティムネフ政務官（当時48歳）はブルガリア政府外務省出身のベテラン外交官であり、私とは歳が近いこともあってＵＮＭＯＴの中では気の合う同僚の一人である。家族思いの彼は毎週衛星電話を通じて必ず家族と話をするやさしい夫でありお父さんでもある。１９９７

年7月、カラテギン渓谷にあるUNMOTガルム監視事務所に配属になって6カ月、12月26日にはクリスマス休暇のためドゥシャンベからモスクワ経由で家族が待つニューヨークに発つよう日程が設定されていた。それに加えて12月1日、奥さんが自宅近くで交通事故に遭い複雑骨折で4日間入院を要する重傷であったが、イバンがガルム事務所から衛星電話で自宅に電話をする6日までその事故のことさえ知らなかったこともあって、イバンはこのクリスマス休暇をどうしても変更できない事情があった。12月15〜17日は国連のヘリで「国家和解評議会（CNR）」の政府側とUTO側双方のメンバーがUTOの拠点であるガルムを訪れてUTO戦闘員の収容施設の査察が行われ、イバンはUNMOT政務官としてこの査察に立ち会わなければならなかった。この間天候は快晴、ヘリの運行にはなにも問題がなく17日、CNRメンバーは予定通りドゥシャンベに戻っていった。ヘリコプターが出ていくと、その日の夕方から雪が降り出した。イバンは19日にヘリが迎えに来てドゥシャンベに出ることになっていたが、19日も雪は降り続きヘリの飛行は不可能となり、本部から翌日まで延期の無線連絡が入る。20日も21日も雪はしんしんと降り続き、さらにヘリ・スケジュールの順延が続いたため、イバンは本部に対し陸路でのドゥシャンベ行きを提案した。もちろんガルム－ドゥシャンベ道路（200㎞）は最も危険度が高い道路に指定されているのでこのルートを取ることはできない。迂回ルートを取った場合、ニューヨークへの出発日から逆算するとどんなに遅くとも22日にはガルムを出なければならない。本部はイバンに22日まで天候の回復を待つよう指示した。22日、雪は相変わらず降り続いている。朝９時ドゥシャンベ本部との無線連絡で、イバンはキルギス経由の陸路迂回ルートで即日出発を主張、本部は詳細な走行日程の提出、夜間走行の禁止と毎晩各宿泊地からの衛星電話連絡を条件にイバンの単独走行を許可した。走行予定は、22日キルギス、サラタシュ泊、23日タジキスタン、ホジャンド泊、24日ウズベキスタン、サマルカンド泊、25日ドゥシャンベ到着、全行程約１８００㎞の予定である。

イバンは本部の許可を受けてすぐに出発準備に取りかかり、まず車の燃料を満タンにし、さらに20リッターのジェリ缶２個を積んだ。衛星電話と雪道用のタイヤチェーンと念のため寝袋も積み込み、食料は賄いのオバさんが水、丸パン、リンゴなどを用意してくれた。ガルムを出たのは午前10時半、カラテギン渓谷をドゥシャンベとは反対方向に奥に入ってキルギス国境に向かう。道路上でも雪は60㎝以上積もっている。山道は狭く車一台分の幅しかないうえ、前に通ったトラックの轍が薄く残っているだけでガードレールなどはない。谷側は谷底もはっきりは見えないほど深く切り立った崖である。曲がりくねった山道をゆっくり上り２時過ぎにタジク側の国境検問所でタイヤチェーンを装着。ここの国境警備隊兵士とは以前のパトロールで顔見知りなので何処に行くのかと聞いてくる。ドゥシャンベだと答えるとドゥシャンベは反対だ、なぜこっちに向かってくるのかなどと冗談交じりに30分ほど話してからカラミク峠（標高３６００ｍ）を越えて先のキルギス側国境に向かう。キルギス側国境検問所に着いた時はすでに4時過ぎだった。ここでタイヤチェーンをはずし、山を下ってやや平坦で直線の高原道路を走りつづける。この道は山道ではあるがキルギスの幹線道路で除雪されており道路の状況は良好であった。予定のサラタシュに着く前に日暮れになったので、やはり以前ドゥシャンベからタンク車で車の燃料を運んだ時に泊まったことがある、小さな部落の安宿を見つけてそこに泊まる。23日朝6時半出発。走り出してしばらくすると、いくらアクセルを踏んでもスピードは上がらず温度計もオーバーヒートを示し始めた。イバンはまったく原因が分からず、一時はここで止まって救援待ちしなければならないかとあきらめたが、あちこちいじっているうちに補助燃料タンクのスイッチを入れたところエンジンの回転が上がり始めた。どうも昨日の走行中に主タンクの中に溜まった水滴が一晩駐車している間に凍って燃料が流れにくくなっていたらしい。気を取りなおして先を急ぐ。サラタシュを過ぎるとまた山道に入る。ここから次のオシュまで行くのにまた3千メートル級の峠を三つ越えて行かなければならない。山道を順調に走行し11時頃オシュを通過、次の町アンディジャンで12時になり昼食を取る。さらに走って再びタジク領内に入り、ホジャンドに着いたのは5時半だった。UNMOTホジャンド事務所に行き同僚のホセ・カブレラ政務官をさがしたが不在だったので近くのホテルに入る。電話局から本部に連絡、ホジャンド到着を知らせる。カブレラ政務官は休暇でタシケントに行っていることが分かった。24日朝8時半、ホジャンドを出発。サマルカンドから南下し、テルメスを経由してドゥシャンベまで800km以上もあるので、このままだと明日25日中にドゥシャンベまで行くのは難しいと判断、イバンはホジャンドから昼食も休息もとらず、ただひたすら走る。サマルカンド通過午後2時半、そのまま南下してダルバンドに着いたのは午後9時だった。ダルバンドの警察検問所でテルメスへの道を確認したところ、ドゥシャンベに行くならテルメスに行く必要はない、ここから直接山越えでデナウに出る道があると教えてくれた。ダルバンドーデナウは120㎞だがダルバンドーテルメスーデナウは500㎞、ここでイバンは予定より380㎞もカットできることになった。さらに1時間半走って夜10時半、バイソンという町で泊まる。この日、24日はクリスマスイブである。早速衛星電話を開いてニューヨークの家族に電話するが、返事がない。奥さんの骨折が悪化して再入院しているのではないかなどと不安がつのるが、とにかく留守電にメッセージを残す。この晩、イバンは夜間の走行はしないという条件を破っているので本部には連絡していない。25日朝8時に出発し、デナウには午前10時に着いた。ここで本部に電話連絡、無事にデナウにいることを伝えサラシーヤから国境を通過し、まもなくドゥシャンベに入ることを伝える。デナウからドゥシャンベまでは100㎞そこそこであるが、タジクの国境検問がスローだったためにかなり遅れ、ドゥシャンベ本部の到着は12時50分だった。イバンはそのまま当直官に無事到着の報告をし、庶務課で航空券と必要なビザの入ったレセパセ（国連の旅券）を受け取り、軽く食事をして自分のアパートに戻った。シャワーを浴びてから手慣れた荷造りを済ませ、自分のベッドでぐっすりと眠る。翌26日の朝は5時起き、6時にドゥシャンベ空港でチェックインである。モスクワを経由してニューヨークのＪＦＫ空港に着いたのは午後3時だった。最愛の家族に会うためにイバンは、たった一人で３０００ｍを超える雪深い険しい峠をいくつも越え、タジキスタン、キルギス、ウズベキスタンと三カ国の国境を越えて合計およそ１５００㎞の遠い道程を3泊4日で走り切ったのである。彼の家族愛と執念と勇気には脱帽である。ただしこの単独走行には多分に幸運な面があったうえ、もしイバンがロシア語を話せなければＵＮＭＯＴも許可を出さなかっただろうし、絶対に成功しなかったかもしれないのである。この話をしてくれたイバンは、3年前のことだが50歳を過ぎた今ではもう一度同じことをやれと言われても多分できないだろうと言って笑っていた（地図参照）。

◆夜間外出禁止令（カーフュー）違反事件始末記（1999年5月）

これは私自身の失敗談である。私がＵＮＭＯＴに着任してまもない1999年5月始め、私の身の回りも整い仕事の段取りも一段落したので、この紛争地タジキスタンの国連機関で健気に頑張っている若い二人の日本人女性の一人、ＵＮＤＰの野田章子さんと夕食を一緒にとることにした。もう一人はＵＮＨＣＲの長谷川弓佳さんであるが、このときＵＮＨＣＲの緊急ミッションに駆り出されてマセドニアに行っており不在であった。若い女性との食事といってもこのドゥシャンベには外国人が安心してゆっくり食事ができるようなところはなく、ＵＮＭＯＴ

のカフェテリアかインド大使館内の庭にあるレストランぐらいなので、この日はインド大使館で会うことにしていた。6時半の約束だったが、大統領府での国家公安調整会議が長引いたこと、出かけ間際にニューヨークのうちから電話が入って寄宿舎にいる息子が学校で問題を起こしたらしいので直接校長と話してくれとのことなどでUNMOTを出たのはすでに6時半を過ぎており、アパートに戻って手土産を取ってから急いで走り出したのはいいが、UN車を自分で運転するのは初めてのうえ、道が不慣れでよく分からず迷ってインド大使館に着いたのは7時過ぎになってしまった。中ではUNMOTの同僚が10人ほどのグループでテーブルを囲んで何かのお祝いパーティーをやっているのを見ながら、そのそばのテーブルに一人でちょこんと座って待っている野田さんを見つけて謝りながら座る。早速ビールで乾杯し、国籍不明のピザとインド大使館なのになぜか人気メニューになっている中華風野菜炒めをとる。それからは、野田さんがUNDPの後輩ということもあって私の経験談やUNDP本部の話、国連機関での処世術の話などをしているうちに気がつくと9時のラジオ・チェック（無線機による点呼）が始まっており、隣にいるUNMOTのテーブルから合図がきた。取りあえず返事だけはしたものの、この当時9時がカーフュー（外出禁止）の開始時間で自宅にいなければならないことになっている。着任早々の違反でしまったと思ったが、隣のテーブルでは女性スタッフも交えたUNMOTの同僚達がカーフューを気にするふうもなく平然と酒を飲みつづけている。野田さんもUNDPではラジオ・チェックなどないうえ、カーフューもあまり気にしていませんから大丈夫ですよと言うので、ここはおろおろせず悠然と構えることにする。とにかく支払いだけは済ませ、隣のテーブルに手を振ってから野田さんを乗せて大使館を出たのは9時10分ぐらいであったと思う。

ところが、大使館の門を出たところで5～6人の警察官が検問をやっており停車を命じられ取り囲まれた。国連車は地元警察に停車を命じられることはないと聞いているので一応車の中からID（身分証明）カードと外交官証を見せて通過しようとしたが、警官の一人が車の前に立ちはだかり絶対拒否の構えである。やむを得ず窓を開け、私は英語で何とかUNMOTスタッフであることを伝えようとしたがIDを逆さまに見ているようでは説明は無理とあきらめた。野田さんもあるだけのロシア語を駆使して説明したが通過させる様子はない。見ているとタジク人の車は検問なしで通過しているので、これはおかしいと判断し無線機でUNMOTの当直官に救援を求めることにした。まもなくUNMOTの警備官が到着、真っ先にカーフュー違反の文句を浴びせてくる。助けにきたと思った味方から文句を浴びせられ、ここにきて顔も強張ってくる。一体何処の誰のための警備官なのか。事情も分からないでいきなり身内から先に文句を言っていれば世話はない。彼はパキスタン人でロシア語もタジク語もできず、なぜ今回に限り警察が強硬なのかは彼も分からない。彼はやむを得ず無線でタジク人の警備アシスタントを呼び出し通訳をさせたところ、私が酔っぱらい運転の現行犯なので、病院に連れて行きアルコール検査をすると主張しているらしい。確かにビールを飲んだが二時間も前のことで顔にも残っていないし、そもそも大使館の門を出たところで車を止め、何を見て酔っぱらい運転だと判断したのかの根拠もない。当の警備官は私を病院に連れて行くことは拒否したが、警察が譲らないため、さらに携帯電話で内務省の幹部を呼び出して仲裁を頼んだ結果、警察が調書を作成し外務省の儀典課に通知することで折り合いがついた。この時にはＵＮＭＯＴ警備スタッフに加え警察官と内務省職員も集まり、ちょっとした人だかりになって喧々諤々の議論が行われ大変な騒ぎとなって私は隅っこで文字通り恐縮していたのだが、インド大使館内に残っているロシア語も堪能な民政部の同僚達は誰一人として出てはこなかった。私は自分の車を現場に残し野田さんとともに警備官の車でそれぞれのアパートまで送られた。もうすでに真夜中近くであった。

だが問題はこのままでは収まらなかった。翌朝出勤するとまわりの同僚がみなニヤニヤしながら朝の挨拶をし、中には「よおぅ、カーフュー破り！」とあからさまに声をかける奴もいる。昨晩のことは、一部始終を無線でやり取りしているためＵＮＭＯＴのスタッフ全員が知っているのである。このことに限らず、誰かが何かのトラブルに巻き込まれた時などは皆、無線機に耳を傾けて聞いているのである。早速同僚のロコシェフスキー政務課長代理がちょっと話したいというので行く。彼はポーランドの外交官出身でＰＫＯ政務官の経験も長いのでなかなかの早耳である。いわく、昨晩の一件は単にお前のトラブルだけでなく、クビシュ特別代表はインド大使館にいたすべてのUNMOTスタッフのカーフュー違反という大量造反事件としてとらえており、近々全員解雇の可能性を含むかなり厳しい決断を下すつもりでいるらしいとのことである。彼自身もインド大使館にいた一人なので、すでに仲間内では対策が練られている模様である。自分達は、あの時間はまだ大使館内にいてインド大使の配慮で翌朝まで大使館を出ていないからカーフュー違反にはならないので、クビシュ特別代表もこの処分はできないはずだ。そもそも安定に向かっているドゥシャンベの治安状況を考慮すれば9時のカーフューは不合理にスタッフの行動を規制するだけなので、もし厳格な処分があればあくまで対抗するつもりであるという。ただお前のケースはちょっと違い、明らかなカーフュー違反と警察の飲酒運転取り締まりが問題になっているので、あまり抗弁の余地はないが、お前が飲酒運転をしていないことは俺達が証人になるから心配するな、とこういうことになっているらしい。着任2週間あまりで解雇では笑い話にもならないではないか。

聴聞のときのために問題を整理してみると、⑴カーフュー違反、⑵飲酒運転、⑶国連車両の同乗者の3点が考えられる。⑶の同乗者は野田さんが国連職員なので問題はないものの、カーフュー違反はたった10分とはいえ事実なので認めるしかない。問題は飲酒運転であるが、これは事実に反するので認めるわけにはいかない。しかし2時間前にビールをグラス一杯しか飲んでいないのだから飲酒運転にはならないと主張してもあまり説得力がないことも事実である。とにかく警察にはインド大使館から出たところでいきなり停められただけで飲酒運転だと言われる根拠はないし、事実、車を乗り出したときに酒気はなく運転には何の障害もなかったことを証明する証人も大勢いると主張するしかない。クビシュ特別代表が翌日ニューヨーク本部に出張するため、その日の午後になって特別代表室に呼ばれた。私は自分が弁明の機会もないまま特別代表の決断を一方的に受けるのを恐れて、まず部屋に入るなり先に弁明をさせてくれと断って事件の経緯と自分の見解を示した。ヤン・クビシュ特別代表は紳士である。私の説明をいちいちうなずきながら注意深く聞いてくれた。そして今回の問題に対する彼の見解と結論を示した。つまり、このところカーフュー違反を繰り返す者が目立っており、カーフュー時間に不満を持っているなら変更提起をすればいい、その議論もせずに勝手に無視するのは命令違反であり紛争地での国連活動の統制を失ってしまうので絶対黙認するわけにはいかない。したがって、タジキスタン在住の国連全スタッフの安全管理責任者としては、カーフュー違反の風潮に対し、この機会に違反者全員を断固として解雇処分するつもりだったようだ。だが今回だけは全員警告処分とすることにしたという結論を聞いて内心ほっとする。

後で分かったことだが、警察は9時過ぎにインド大使館から出てくる国連車は全部カーフュー違反であるから停め、酒は飲んでいるとみなし飲酒運転で取り締まるよう内務省上層部から指示が出ていたらしい。しかしカーフューはタジク政府の決めたものではなく国連スタッフの安全保持のために特別代表が決めた内部命令である。現地警察が取り締まる筋合いのものではない。だがこれは聞くところによると、もともとUNMOTの警備課が、最近平然とカーフューを無視するスタッフに対する見せしめとして、内務省と組んでやったものらしいのだ。だから警察はカーフューではなく飲酒運転にこだわっていたわけである。特にあの晩はUNMOTのカーフュー違反常習者がパーティーをやっていたこともあって多数の警官を配備し、国連車を狙い撃ちにするべく9時前からインド大使館前で網を張っていたのである。そこへ9時過ぎ、無邪気に飛び込んだのが着任早々で初犯の自分だったという不運である。

その後、特別代表の留守中に私に対する警告書は出されたが、他の違反者は絶対に違反はしていないという立場を崩さず徹底的な対抗姿勢を示しており、特別代表が不在だったためUNMOT上層部も結論を避けうやむやになっていた。それを知ったクビシュ特別代表は出張から帰ると、私はカーフュー違反常習者でもなく今回のトラブルの犠牲者だとして私への警告書も撤回してしまった。したがってファイル上は私のカーフュー違反も飲酒運転騒ぎもなかったことになったのである。

◆日本人JICA専門家人質事件（1999年8月）

1999年8月、この時期タジキスタンの治安情勢は比較的安定していたが、8月23日、タジキスタン国境付近のキルギス領オシュ州アルティンジルガ地区でウズベキスタンのフェルガナ盆地を拠点としていた反政府テロリスト、ジュマボイ・ナマンガニ野戦司令官のグループによる日本人JICA専門家4人を含む人質誘拐事件が発生した。この日は偶然にも武見賢三外務政務次官、塩尻外務省新独立国家室長一行がタシケントからチャーター機でドゥシャンベ入りをする日であった。出迎えのためパウロ・レンボウUNDP常駐代表やタジク外務省高官等と空港のVIPロビーで待っている間にこのニュースが断片的に飛び込んできた。武見次官一行もすでに機中でこのニュースを受けたらしく到着後も一様に表情は硬かった。一行は、橋本前首相時代に打ち上げたシルクロード外交の一環としてタジク和平の支援促進のためにタジキスタンを訪れたのであるが、外交日程もそこそこに人質解放の情報収集と対策に追われることになった。武見次官は訪問日程をこなすと急遽事件当事国となったキルギスに向かい、同行外務省職員と大使館員は誘拐グループがタジキスタンとの結びつきが深いことからドゥシャンベに留まりタジク側から情報の収集と分析にあたることになった。

ナマンガニはウズベキスタンから追われた後、ソ連時代から反政府活動の同胞であるタジキスタンのＵＴＯの拠点となっているカラテギン渓谷で活動をともにしていたが、タジキスタンの和平プロセスが進展し、８月３日の政府軍統合によるＵＴＯ武装構造解消宣言によってナマンガニ・グループ戦闘員のカラテギン渓谷の滞在が困難となった。このためキルギスを通過しウズベキスタンに戻る途中、活動資金の確保のためにこの人質事件を起こしたものと見られている。

このグループはアフガニスタンのタリバンともつながっていることが知られているが、一時期ＵＴＯの戦闘部隊が主としてアフガニスタンのマスードの支援を得てアフガン北部のタジク国境付近に滞在していたように、この地域ではアフガニスタンからタジキスタン、キルギスを通ってウズベキスタンまで自由に移動しており事実上国境はないとも言われている。８月23日の事件に先立ち、同グループは８月６日、やはりタジク国境付近キルギス領のザルダリ村で地方政府職員を人質に取り、身代金とアフガニスタンに行くためのヘリコプターを要求した。この事件は13日に人質が解放されて解決を見たが、ヘリコプターの提供は拒否され、相当額の身代金が同グループに渡ったと見られている。

犯行グループはキルギス軍の追撃をかわしながら人質を連れたまま移動を続け、タジク国境を越えカラテギン渓谷の奥地に入り込んだ。４千〜５千メートル級の高山に囲まれたパミール高原のこの地域は自然の要塞でもある。同グループがウズベク軍の空爆を避けるために、さらにキルギスとタジクの国境付近を転々としているという情報が伝わって、この地域でＵＴＯ元戦闘員の定着促進プロジェクトを実施中の国連は現地スタッフを残して外国人スタッフをカラテギン渓谷から引き揚げ、ホイト村からキルギス国境に至る地域でのプロジェクト活動を制限した。この間にも地域の爆撃被害状況やナマンガニ・グループの移動情報は無線交信で刻々と伝えられており、私は頻繁にＵＮＯＰＳドゥシャンベ本部に出向きプロジェクト関係者の安全確認のため情報収集を行っていた。その頃、ナマンガニが勢力拡大をはかるため、前回の人質事件の身代金を資金にカラテギン渓谷地域で戦闘員の募集を開始したとの情報が入った。このことは、国連のプロジェクトがこの地域で月給50ドルを支給しているのに対し、ナマンガニは１５０ドルを提示しているといわれていることからプロジェクトの元戦闘員がこれに流れることが懸念されたが、実際には一人の脱落者もなかったことが報告されている。10月後半に入って犯行グループが食料や衣類の調達など冬支度を始めたという情報が入り、雪深いカラテギン渓谷で人質事件の長期化が心配された。しかしその後キルギス側を通じた人質解放交渉が進み、４人の日本人ＪＩＣＡ専門家が最後の人質として10月25日、約２カ月ぶりに解放されたことが報道された。

タジキスタン側における人質解放交渉の内容はまったく伝わっていないが、非公式情報によればＵＴＯはナマンガニと直接面識もある有力者ミルゾ・ジオエフ緊急事態省大臣が、タジク政府側もアミルクル・アジモフ国家治安評議会書記がＵＴＯの協力を得てタジク領内で同グループと水面下の接触を行い、人質解放の直前まで積極的に交渉を続けていたようである。解せないことにこのナマンガニ・グループは人質解放後もタジク政府軍から攻撃を受けることもなく、逮捕されるわけでもなくタジキスタンに留まっていたのであるが、これがタジク政府側の水面下での人質解放交渉の条件だったのかは知る由もないことである。人質解放後、大統領の要請を受けたＵＴＯヌリ議長がカラテギンに出向き、和平協定によるＵＴＯ武装構造の解消にともない障害となるこの戦闘員グループの在留についてナマンガニ野戦司令官と直接協議を行い、即時国外退去の同意を取りつけた。人質解放から2週間も経った11月6〜7日、まず戦闘員４５０人がヘリコプターで、残る75人の戦闘員とその家族はタジク政府軍の護送によるトラックのコンボイでようやくカラテギンを離れ、ドゥシャンベを通ってアフガニスタンに入るためピアンジとニジニ・ピアンジに向かったことが政府側の情報として伝わったのであった。

この人質事件では、日本政府もドゥシャンベでタスクフォース・チームを編成し日夜情報収集と状況分析のためタジク政府やＵＴＯ有力者と接触を行っていたようであるが、当時は問題の繊細さを考慮しチームの活動だけでなく、タスクフォースの存在さえも決して外部には漏らさないで欲しいという強い要請が私達日本人に対し出されていたので、いくつか日本の報道関係からの問い合わせもあったがそ知らぬふりをしなければならなかった。しかし後日、外務省発表の報告書にタスクフォースの存在が書かれており、タスクフォースの存在については解禁のようなので、ここで付け足しておく。この人質解放にUNMOTが関わったことはないのであるが、もしも人質がタジキスタン領内で解放された場合、UNMOTの飛行機並びに医務官の出動が可能かどうかについて詳しい問い合わせがタスクフォースからあった。これを上層部に伝えると、UNMOTは日本が主要ドナーであることからすぐに全面協力を決め、飛行機の特性や飛行ルート、医療設備について回答し、輸送並びに医療関係者を集め対策会議を招集し即応体制を整えていたのである。

最後に2カ月あまりの間に入れ替わり立ち代わりでドゥシャンベに来て不便な生活を余儀なくされた大使館タスクフォースの皆さんが撤退するとき、それまでに持ち込んだ食料品や医薬品などを山ほど残していってくれた。特殊な医薬品はUNMOTの医務室へ渡し、残りはUNDPの野田章子さんとUNHCRの長谷川弓佳さんの3人で山分けさせていただいた。日本食を仕分けしながら、あれもこれもと大騒ぎで、じゃんけんで勝った人は思わず顔がほころんでしまうほど大喜びした。それからしばらくは、日本製のカップ麺、缶詰めなどのインスタント食品が常食となり、タスクフォースの皆さんの心遣いだけでなく最近の食品加工技術の向上にも心から感謝したものである。

Ⅶ　国連平和維持活動――ＰＫＯを目指す人に

◆日本人のＰＫＯ参加
◆国連ピースキーパーの処遇
◆ピースキーパーの安全と健康管理
◆公務による死亡・障害の補償

◆日本人のＰＫＯ参加

日本の国連平和維持活動支援は金額評価をする限り世界の水準に決して劣るものではない。しかし人的貢献、特に自衛隊の派遣については国内の憲法論議を反映して極めて限られた貢献しかしていない。文民警察については法律的な問題はないと理解しているが、カンボジアのＵＮＴＡＣで殉職者を出して以来やはり積極的な参加はない。国連職員や政府職員の出向者を含むいわゆるシビリアンといわれるＰＫＯ民政部門と業務管理部門の人的参加に至ってはさらに少ないのである。すでに述べてきたように平和維持活動は紛争地での任務であるから通常の仕事に比べて危険度が高いことは否定できない。さらに紛争破壊による劣悪な衛生環境や風土病などによる疫病感染率も高い。しかし平和維持活動は戦闘ではないので命を差し出せと言っているわけではない。国連も起こりうる被災には相当の注意を払い必要な防護策を講じているし、敵対行為などによる明らかな危険があれば即座に避難撤退することが原則になっている。その上に立ってこれまでに世界中から111カ国に及ぶ加盟国がPKOに76万人もの人員を送り出してきたのである。

要するに平和維持活動というのは、警察というもののない国際社会にあって、戦闘によって罪のない一般市民が戦火の中を逃げ惑い、多くの人命を失い、人権が蹂躙され、民主主義が脅かされている前で、誰かがしなければならないことなのである。それは有体に言ってしまえば、他所の喧嘩にわざわざ出かけて行って自分が怪我をすることはないと誰もが思っていれば誰もやらないことなのである。しかし誰もがやらなければと思っているときにやらないでいることは、卑怯者のそしりは免れず地域社会から疎外を受けることになるのは自明である。現在の日本経済は国際市場によって繁栄し、外交も国際的依存関係によって成り立っており単独国家としては存在し得ないのである。国際社会において日本だけが、日本人の命を犠牲にするわけにはいかないからといって知らん顔を決め込むことはできない所以である。極論すれば、第二次世界大戦では悲惨な敗戦経験をしたはずの日本が、日米安全保障条約という、いわば「ただ乗りの安全」でもたらされた半世紀以上の天下泰平によって、人命や財産を自分で守ることの重大さや平和の意味そのものを忘れてしまったように思える。国際社会に警察はいないのである。それなのに、国家の安全は平和憲法をかざしてさえいれば誰にも侵されることはないと無邪気に信じているのではないか、それが、他所の喧嘩に出かけて行ってわざわざ自分が怪我をすることはないという発想につながっているのではないかと思う。だから、日本人が平和維持活動に参加するべきかどうかという問題は、自衛隊派遣にかかわる憲法論議や財政支援の規模や抜け道的参加形態などの技術論の前に、国際社会における日本の平和という原点に立って国民レベルでもう一度真剣に考え直すべきだと考える。

日本が貢献できる国連平和維持活動支援は自衛隊による平和維持軍、軍事監視や文民警察だけではない。報道がPKOに対する財政支援の額と自衛隊派遣の憲法論議ばかりに集中し、他の人的貢献が可能な分野が忘れられてしまっている。民政部門でも選挙監視にとどまらず、人権、人道、復興、行政、政務、法務、広報など多岐にわたっており、さらに業務管理部門も人事、財務、経理、庶務、営繕、警備、車両管理、電気通信、情報技術、空輸などと広範である。「YES」か「NO」かの自衛隊派遣論議の陰で民政部門や業務管理部門での参加は日本での認識が薄く、業務管理部門に至ってはほとんど話題に上ることさえない。政府レベルの判断による自衛隊派遣に国民的コンセンサスが必要で何もしないでいるなら、議論の必要がない民政部門や業務管理部門の貢献に視点を向け積極的に民間レベルの協力から進めるべきであろう。

◆国連ピースキーパーの処遇

国連平和維持軍兵士、軍事監視官および文民警察官は、加盟国政府からの任意提供で、給与は各国の給与体系にもとづきそれぞれの政府が支払っている。これに対し国連は、部隊ごと兵舎に配置されるＰＫＦについては兵士一人につき一律月額1千ドルを政府に払い戻しているだけである。一方、軍事監視官および文民警察官に対しては、それぞれのミッションごとに設定された日当が月額で支払われる。これはいわゆる現地生活費でＭＳＡ（Monthly Subsistence Allowance）と呼ばれ、各自が自分で宿舎、食事、日用品、通勤、休暇にかかる旅行費用等の現地経費をＭＳＡでまかなわなければならない。ちなみに同一ミッションにおけるＭＳＡの額は、職務の等級や職種にかかわらず全員一律である。

軍事要員および文民警察官は通常の勤務時間にかかわらず長時間で不規則な、あるいは1週間7日の任務の遂行が前提となっている。このため月当たり1・5日の年次休暇のほかに、30日間の連続勤務に対し6日間のＣＴＯ（Compensatory Time Off）と呼ばれる代休が与えられる。

民政部門と業務管理部門のいわゆるシビリアン・ピースキーパーは、国連ボランティアを除いて身分上、他の国連の職員と変わることはないが、採用期間も勤務地も限定されたミッションに派遣されるため通常の国連キャリアの体系とは別に設定されている。しかしPKOミッションは通常、緊急かつ暫定的に設立されるので、新設組織をすべて新しい職員で構成し即座に機能させることは難しいため、事務職から技術職、専門職、管理職に至るまでかなりの数の職員が様々な国連機関から出向していることが多い。したがって、PKOミッションは国連機関あるいは加盟国政府からの出向者と当該ミッションのために外部から採用されたスタッフと国連ボランティアでなっている。ただ、国連もまったく新しいスタッフをミッションごとに新たに採用するよりもミッション経験者を採るほうが手っ取り早く効率的なため経験者を継続採用する傾向がある。それぞれのミッションは期間も場所も限定されているが、国連のPKOミッションの数は多い。したがって、一度PKOミッションで働くと別なミッションに配置転換になるピースキーパーは極めて多くなるのである。PKOミッションの管理職は国連出向者が多いが、ミッション・ヘッドである事務総長特別代表は地域の特殊性や政治性を考慮して外部から選ばれることが多く、事務総長が任命する。

これらのシビリアン・ピースキーパーは出向者も直接採用者も国連職員規程にもとづく契約によって給与と補償を受ける。直接採用者および政府機関からの出向者は、期間限定契約

（300シリーズ・アポイントメント）によって給与・諸手当、任地への往復旅費、100kgまでの別送荷物、現地生活費などが支払われる。国連機関からの出向者は、出向元での正規職員契約（100シリーズ・アポイントメント）による給与・諸手当に加え300シリーズと同額の旅費、別送荷物、現地生活費などが、国連平和維持活動予算から支払われる。ここでは詳しく触れないが、国連の職員は職能によって大まかに次のような分野に分かれている。事務総長職は事務総長（SG）一人のほか、事務次長（USG）、事務総長補（ASG）からなっており、事務総長以外は本部事務局内の局長または各国連機関の長などが含まれる。その下に管理職として上席部長職（D2）と部長職（D1）がある。次が専門職で主席専門官（P5）から初級専門官（P1）の5段階に分かれている。さらに事務職や業務補助職などの一般職が7段階（G7－1）に分かれている。これにもとづいて参考までに、年齢35歳前後の専門官（P3）（300シリーズ）を例にとって手取り月収を試算すると、基本給3561ドル、特別就業手当て499ドル、扶養者手当て550ドルで合計4610ドルとなる。これに加えてミッションごとに設定されている現地生計費、例えばタジキスタンの日当75ドルで計算すると2250ドルで月収の合計は6860ドルとなる。さらに任地が特別な危険地の認定を受けると危険手当1千ドルが毎月追加支給される（＊注：2000年当時）。

ただし、国連ボランティアの規程は別に定められており、国連平和維持活動予算には含まれない。UNVは設立の精神によって給与はなく、MLA（Monthly Living Allowance）月額生活手当とMAA（Monthly Accommodation Allowance）月額住居手当が支給されるだけであるが、離着任にかかる旅費手荷物料は支払われる。

シビリアン・ピースキーパーも不規則で長時間の勤務が前提となっている。このため月当り2・5日の年次休暇のほかに、3カ月間に10日以上の週末勤務を行った場合、5日間のORB（Occasional Recuperation Break）という臨時保養休暇が与えられる。UNVの規定にORBはないが、実情に合わせて他のピースキーパーと同様の配慮がなされることになっている。

◆ピースキーパーの安全と健康管理

PKOミッションは通常の勤務地とは違い、紛争地のため政情・治安がきわめて不安定であり、生活環境も劣悪なところが多い。国連本部では保安警備の専門家が中心となって安全行動基準を作成し、それぞれのミッションに警備課を設け警備官を配置し対応しているが、対立勢力の敵対行為、国際機関職員を狙った人質誘拐、住民の暴動などだけでなく、強盗や暴行などの社会犯罪から国連がピースキーパーを完全に守ることは不可能である。したがってシビリアン・ピースキーパーは、自分の安全は基本的に自分で守ることが大原則である。また、敵対行為や暴動を想定していつでも避難・撤退できるよう単身赴任が定められており、駐在ではなく派遣による一時滞在の扱いである。また国連がピースキーパーの派遣にあたって多量の別送荷物を認めず、一人当たり最大限１００kgの手荷物だけを認めているのは、信頼できる別送荷物の取り扱いサービスが紛争地にないことによるためではなく、ピースキーパーは身軽であることが重要だからである。

安全の自己管理と同様ＰＫＯミッションで重要なことは、自分の体つまり健康も基本的に自分で管理しなければならないことである。通常、ミッションには医師が配置されているが日常的な怪我や病気に対する一次的な処置に追われているのが現状である。複雑なケースは現地病院に任されるか、あるいは先進医療施設のある任地外の近隣都市に送られることになる。ガンや心臓などの大病や骨折などの大怪我は専門的な治療が必要だとしても、風土病やそれにともなう下痢や発熱などは日常的で個々人の心がけで予防しなければならない。大切なことは、普段からバランスの良い食事を心がけ、適度な運動をして体を健康にしておくことであり、体が丈夫で栄養状態がよければ風邪もひかないし少しぐらいのことでは下痢もしないですむのである。疲れている時や体力がおちている時に風邪をひけばさらに肺炎など悪性の病気を引き起こすことになるし、ひどい下痢が何日も続いて体力が落ちるとまた別な病気にかかりやすくなる。食糧事情の悪い途上国の貧しい人達や子供や年寄りが軽度の病気でも死亡してしまうのは、体力がなく栄養が悪くて病気に対する抵抗力がないからである。

データはやや古いが国連広報局が発表した２０００年10月までの資料によれば、過去52年間の国連平和維持活動54ミッションにおいて死亡者を出したのは46ミッションで死亡者総数１６５６人であった。ただ死亡数にはかなりの片寄りがあり、残る８ミッションではまったく死者を出していないことを示しており、さらに５人以下で分けると24ミッションになる。一方、１００人以上の死亡者を出したのは次の６ミッションであるが、これらのミッションだけで死亡者は１１３１人、全体の68％を占めている。すなわちＰＫＯミッションの一般的危険性は否定できないものの、ミッションのおかれた状況と作戦によって披害が分かれていることが分かる。

１	ＯＮＵＣ－２５０人	コンゴ	１９６０年７月－１９６４年６月
２	ＵＮＩＦＩＬ－３２０人	レバノン	１９７８年３月－２０１８年３月
３	ＵＮＰＲＯＦＯＲ－２１１人	クロアチア	１９９２年２月－１９９５年12月
４	ＵＮＦＩＣＹＰ－１８３人	キプロス	１９６４年３月－現在
５	ＵＮＯＳＯＭⅡ－１５１人	ソマリア	１９９３年３月－１９９５年３月
６	ＵＮＥＦＩ－１１０人	エジプト	１９５６年11月－１９６７年６月

死亡原因別に見てみると第1位は事故で42％、2位が敵対行為で35％、3位が病気で17％、その他が6％となっている。事故死が一番多かったミッションはUNIFILの99人、敵対行為による死亡はONUCの135人、病死はやはり事故死の多かったUNIFILの44人である。事故と病気を合わせた死亡原因が全体の約6割を占めていることは、ピースキーパーが極めて劣悪な生活環境で任務遂行にあたっていることを示している。事故死では交通事故が最も多いと言われているが、これは未熟な運転技術によるというよりもむしろ地理的に不慣れな地域での任務と不完全な道路条件によるものと考えられる。また病気による死亡では、健康診断をパスしてミッションに参加する健康者が死亡に至る病気というのは、風土病による下痢や熱、ストレスによる心臓負担など環境要因によるものといわざるを得ない。

敵対行為による死亡というのは、ピースキーパーが攻撃の対象となって殺害されたということであり、国連の活動に対する妨害そのものである。この事実からしてピースキーパーが危険な仕事であることは否定できない。このことは、一方で国連の紛争介入における経緯や政治的背景に問題があると考えられるが、他方、あくまで中立と公正な立場での紛争介入だったとしても、対立勢力の国連介入に対する不満や国連の平和維持活動に対するまったくの無知・無理解によって引き起こされる敵対行為も多くあるのである。紛争介入における国連の決議手続きや調停斡旋の手法、または対立勢力に対する接近や会話を通じた国連平和維持活動の理解など、今後さらにピースキーパーを保護する改善施策が必要であろう。

◆公務による死亡・障害の補償

国連広報局の資料には傷害や疾病の統計は示されていないが、死亡者数から推測してこれに含まれるピースキーパーの数は相当数に上ると見られる。殉職者や障害者に対する国連の補償はどのようになっているのか。軍事要員と文民警察官については「死亡および障害ガイドライン」、シビリアン・ピースキーパーについては「国連職員規程、付則D」に定められている。またUNVについては「UNV服務条件」に規定されている。

平和維持軍兵士、軍事監視官および文民警察官に対する補償は、国連の公務にもとづくと認められる死亡並びに傷害、疾病による身体の障害に対し最高5万ドルあるいは当該者の年額基本給の2倍のどちらか多い額が支給される。国連の公務による死亡・傷害・疾病というのは、⑴任務遂行中に起こった自然発生的な出来事によるもの、⑵任地が健康と安全に関して特別な危険地域であることによるもの、⑶交通機関を利用した公務旅行によるものである。死亡補償は当該者が指定した受給者に対し国連から政府を通じて支払われる。この他医療、移送、埋葬などにかかる費用は国連が負担あるいは払い戻しをする。公務による傷害や疾病によって起こった身体の障害については、その程度に応じて補償の額が定められている。両手または両足の損失または全盲の場合5万ドル、その他片手、片足、指、視力、聴力の損失などがそれぞれ重要度によって最高額5万ドルに対するパーセンテージで規定されている。

シビリアン・ピースキーパーの場合、補償形態は前記とは異なる。基本的に軍事要員と文民警察官に対する補償は一時に一括支給されるのに対し、国連職員規程による補償は原則として年金との組み合わせによる永年の年次支給である。この規程は想定される様々な条件をかなり細かく定めているのでここでは深く立ち入らないが概略として、死亡補償では当該職員の年金対象年俸の3分の2と家族手当を合わせた額をこえない範囲の補償額が毎年遺族に対して支払われる。遺された配偶者は、当該職員の年金対象年俸の5分の2が補償額として生涯あるいは再婚するまで支払われ、再婚時には補償額の2年分が一括支給される。遺された子供達は、一人年額1千ドルをこえない範囲で補償額の3分の1が18歳まで、あるいは大学進学の場合、21歳までそれぞれに支払われる（参考：年齢35歳前後の専門職P3の年金対象年俸は7万8640ドル、2000年当時）。

公務中の傷害や疾病によって完全障害となった場合、傷害疾病にかかった治療、入院その他の直接費用に加え復職するまで、あるいは完全障害のために退職するまでの間、以前に支給されていた給与の内、地域調整給を除く給与が支給される。また、完全障害によって退職した時点からは年金対象年俸全額と家族手当の合計をこえない範囲で年金対象年俸の3分の2を補償額として受け、子供一人につき補償額の３分の１ずつが追加支給される。公務による部分障害の場合、医療費その他の直接費用と復職までの給与の支給は完全障害の場合と同様である。障害のために配置転換となって給与総額が下がる場合は差額の３分の２が補償される。また、障害のために国連外に転職し所得が下がった場合、国連内の配置転換の場合に準ずる補償を受ける権利がある。公務による傷害や疾病によって身体の変形や体の部分または機能を失った場合、前記補償の他にその程度に応じて最高額年金対象年俸の二倍までが一時金として支払われる。

国連ボランティアは、死亡の理由にかかわらず生命保険契約によって10万ドルと遺体の移送費が補償額として支払われ、特に死亡が戦争、侵略、攻撃、内戦、革命、反乱、暴動、騒乱、妨害、武器の暴発、テロ活動などによる場合は25万ドルが支払われる。公務による障害も保険契約によって、任務が危険地の場合25万ドルを限度、その他の地域の場合は10万ドルを限度として障害の程度に応じて細かく補償額が規定されている。再起不能な精神障害、全身麻痺、全盲、また回復不能な麻痺を含む両手切断、両足切断、片手と片足の切断は１００％、その他身体の部分と機能ごとに重要度によってパーセンテージで定められている。

この他、ピースキーパーだけでなくすべての国連職員が自動的に入っている生命保険があり、通常の死亡では10万ドル、事故による死亡の場合は25万ドルの保険金が支払われることになっている。

しかしこうして見ると、世界平和のために単身で安全と健康のリスクを負って紛争地に出かけて行くピースキーパーの生命の補償は極めて心細いといわざるを得ない。国連の職務規程による補償というのは一見よく配慮された補償のようであるが、年金はピースキーパーだけに与えられる特典ではなくすべての国連職員が持っている個人的権利である。公務による死亡や傷害の補償に年金を当てるのは筋違いというものであろう。通常短期間の契約をする３００シリーズのミッション・スタッフは、年金の受給資格に必要な積み立て期間を満たしていないことが多いので年金制度にもとづく補償は充分な意味を持つが、１００シリーズのレギュラー・スタッフはすでに充分な積み立てをしていることが多く、年金の受給と補償との間にはほとんど差がない。現実には死亡や障害の発生によって年金受給の開始時期が早まるだけで本来あるべき生命の補償にはなっていないのである。

最後に、経済的な補償だけでなく、世界平和という理想に燃えて国連平和維持活動に参加し敢え無く命を落とした同僚に対し、彼等が平和のために死という最大の犠牲を払ったことを名誉として称える制度があるべきであるということを強調したい。誰にとっても死は悲惨なことではあるけれど、国連が殉職者の高邁な理想と献身的な働きを称え、賞賛の意を表することによって亡くなられた方々の死が功績として認められ、遺された家族はその世界平和のための死を誇りとして生きることができると思う。自分自身がピースキーパーとして国連平和維持活動に参加するにあたって自分が死ぬことは絶対にないと信じて家を出たけれど、万が一のことがないとは誰にも言い切れない。私が殉職者に対する国連の表彰制度を提起するのは、私自身家族を残して紛争地で仕事をしながら、もし自分の身に何かあっても、子供達が平和のために命をささげた父親の生き方を誇りに生きてくれれば無念の死も報われると、いつも心のどこかで思っているからである。よって殉職者に対する国連の表彰制度を創設し遺族に対し国連ピースメダルの送呈を提言したい。

参考文献

Basic Facts about the United Nations, UN Department of Public Information, New York, 2000

United Nations Handbook, Ministry of Foreign Affairs and Trade, Wellington, New Zealand, 2000

Boutros Boutros-Ghali, *An Agenda for Peace, 1995*, UN Department of Public Information, New York, 1995

川端清隆・持田繁『ＰＫＯ新時代――国連安保理からの証言』岩波書店、１９９７

United Nations Peacekeeping Operations, Principles and Guidelines, UN Department of Peacekeeping Operations, New York, 2008

The Blue Helmets, A Review of United Nations Peacekeeping, Third Ed. (Chapter 27 UNMOT), UN Department of Public Information, New York, 1996

United Nations Peacekeeping, Home, https://peacekeeping.un.org/en

United Nations Peacekeeping, UNMOT, https://peacekeeping.un.org/mission/past/unmot/Unmot.htm

United Nations Peacekeeping, UNMOT, Background, https://peacekeeping.un.org/mission/past/unmot/UnmotB.htm

Regulations, Rules and Pension Adjustment System of the United Nations Joint Staff Pension Fund, UN Joint Staff Pension Fund, New York, 2020

コラム

ドゥシャンベの町はシャシュリクの煙

シルクロードの食文化

私は職業がら世界中の地の果てまで行き、元来食いしん坊なのでそこにある珍しいものは何でも食うし、探してでも食う。さらに、私が学生時代に開発を志したのは、卒論のテーマに選んだインドの人口爆発と貧困と飢餓を目の当たりにして、強烈な衝撃を受けたからである。それ以来、私は開発協力に携わりながら中でも特に食糧問題に関心があり、国際食糧政策を専門としている。食糧政策といってしまうと、とかく穀物とか澱粉、油脂などと食糧が物資になって量と配分でしか考えられなくなってしまうので、私は途上国へ行くと必ず現地のものを食べ、市場に行き、調理法にふれることによって食糧を食べ物として、あるいは食文化としてとらえるように心がけている。と言うとえらそうに聞こえるが、元をただせば私が食べ物には意地汚く、食いしん坊だからである。私はいわゆる美食家ではないが、胃腸が大きく丈夫なことと食べ物に対する好奇心が強いのが自分のとりえだと思っている。

食文化は、国から国へと変化していく要因と時間とともに変化していく要因とが重なって、それぞれの国や地域の特性を生かしながら独特のものとなって定着している。中央アジアの料理を見ると、ここがシルクロードを通して東西あるいは南北の交流ルートであったことがよく分かる。例えば中華料理とヨーロッパ料理を比べようとすると、ある程度想像力を働かせる必要があるが、中央アジアの料理を中継点として見るととても分かりやすいのである。これはあくまで自分の経験にもとづく私見であるが、歴史的に見て王朝文化が栄えた国には美味いものがあり、遊牧文化には煮るか焼くだけといった素朴な素材だけの料理で味覚の洗練化がない。中央アジアの料理は、シルクロードを通じた異国料理の伝播と遊牧民の生活料理が交じり合って定着したもののように思われる。まずタジキスタンと隣国ウズベキスタンの料理を比較してみると、言語的にはタジクとウズベクの言葉はまったく違う系統にもかかわらず、この二つの国はほとんど同じ文化を共有しているといえる。したがって伝統的な料理はほとんど同じものであり呼び名が違っているだけであるが、シルクロードによって繁栄したタシケントのほうが料理のバラエティがある。また近年、半世紀以上もソ連の統合下にあったことからタジクの料理名はロシア語が多いが、よく聞いてみるとちゃんとタジク名もある。それに共産化したとはいえ中央アジア諸国は、大ソ連圏のはるか南のはずれということもあってソ連化せずに中央アジアの文化を色濃く残している部分も多いのである。

タジク料理のバラエティはあまりなく、味付けも特別な香辛料などを使うことは限られていて味にはあまり特徴がない。ここに来てというよりは中央アジア全域かもしれないが、まず口にするのがシャシュリク、街なかの食堂をはじめ公園や大通りで屋台風に焼いているのをあちこちでよく見かける。これはカバブともいうが中央アジアではロシア語のシャシュリクのほうが一般的になっているようである。シッシ・ケバブとはトルコ語で剣に刺した肉という意味らしいが、トルコを中心に西は中近東を経て地中海全域、東はこの中央アジアからインド亜大陸まで広く馴染みのある料理である。前述のように、これはタジキスタンで最も一般的な食べ物であり、冬場を除いて昼時から夕暮れにかけては町中がシャシュリクの煙であふれているのである。値段は屋台では一本200タジクルーブル（TR）ぐらいから、ちょっとしゃれた食堂では2本で1500〜2000TRは取られる（1999年当時、100円=1500TRぐらい）。一口大のラム肉角切りと脂肪のかたまりを交互に刺した串焼きで、あまり香辛料を使ってマリネートせず基本的に塩コショウだけで味付けし、焼き上がりに酢（レモン汁）をかけるのがいい。玉ねぎのスライスとパセリのみじん切りをのせて出してくれる。これはあまり飽きがこず、いつ食べても大体美味いと思うが、時々山羊の肉や成長した羊だとにおいが強く慣れないと閉口する。ひき肉にしてきりたんぽ状にして焼くのはキーマカバブと呼ばれるが、インド・パキスタンの呼び名と同じである。

次がプロフ、米の料理ピラフのロシア語だが、ここではオッシュともいわれる。値段は屋台で一皿500TRぐらいから。直径1mほどの大きなプロフ鍋を専用のかまどにのせて炊く。鍋にたっぷりのオイルを熱して、まずこぶし大のラム肉のかたまりを4～5個焦げ目がつくまで焼き、そこへ米と細切りにした人参を入れ、炒めてから水を入れ炊き上げる。塩で味付けしタジクではパプリカやカイエンヌペパーで黄色に仕上げるが、ウズベクでは色を付けていないことが多い。皿に盛って角切りに刻んだ肉、季節の野菜（ラディッシュ、トマト、ワケギ、パセリ、コリアンダーの葉）の千切りなどをのせて出す。なかなか美味いのであるが、たっぷりとオイルが入っているのでしつこく胃にもたれるのが欠点である。

やはり中央アジア一帯にあって最も一般

結婚祝いのプロフ調理風景

的なスープはシュルボ、ウズベク語ではシュルバというが、要するにスープという意味なのである。ちなみに、アラビア半島の果てイエメンでもこれはシュルバと呼ばれていた。骨付きのままのラム肉と大きく切ったジャガイモ、玉ねぎ、人参などの野菜を煮込んだスープで、特別な味付けはないが刻んだワケギ、コリアンダーの葉などを薬味にのせる。パーティーなどに呼ばれるとつまみとして必ずタジク製ソーセージ各種のスライスがテーブルに出ている。ハスィップはマトンと玉ねぎのみじん切りに米を加え羊腸に詰めて茹でたもの、ピオス・カズィは小間切りの馬肉を腸に詰め茹でたもの、ザボンは舌という意味のタジク語だが料理名では茹でた舌のこと。羊が尻尾にもっている脂肪のかたまりを皮ごと巻いて糸でしばり茹でて脂肪を抜いたものがポストドゥムバ・ルゥレッティである。ルゥレッティとは肉で巻いた西洋料理名ルーラードのことである。これらは皆、茹でただけで特に味付けはされていない。丸型のパンはロシア語でリピョーシキといい、タジク語ではノンという。ギリシャやアラブのピータブレッドのようだが、やや厚めでまわりがふっくらとしている。普通の食パン風のパンはファティルと呼ばれている。以上はこの地方に来れば間違いなく口にする民族料理ともいえるものである。

次は明らかに中華料理の影響と思われる料理がマントゥ、トゥシュピラ（チチバラ）それにラグマン。マントゥは隣国のウズベキスタンではマンティと呼ばれて、名前からして中国のマントウから来ていることを想像するのは難しくない。大きさはこぶしよりやや小さく、ころもは日本の餃子に似ている。中身は玉ねぎのみじん切りとひき肉で、丸く包んで蒸したものであるが、油で揚げたものもある。トゥシュピラはウズベクではチチバラで、マントゥよりも小さくて親指大、イタリアのトルテリーニといったふうだが、ひき肉を包んであるところが中華風である。ロシア語ではペルミーニという最も一般なパスタで、これも茹でたり、炒めたり、揚げたりして食べるのであるが、澄ましスープに入っているのはワンタンのようである。ラグマンは麺料理で、まさに煮込みうどん風である。具もたくさん入っておりスープが油ぎらぎらなので中国の五目麺といったほうが近い。野菜と一緒に炒めたヴィルボンダギーラグマンはスパゲッティか焼きうどんといった感じである。

麺料理といえばカザフスタンのアルマティで食べたチョスマ・バルマクはラザニアのように平たく伸ばしたままの麺生地を肉のスープで煮込んだ料理で、平皿に薄切りにした肉と麺を敷くように盛り付けてあり、パスタの原型のようである。割とさっぱり味でとても美味かったが、スープがない分すぐに冷えてしまい残念だ。ちなみに、このとき飲んだ馬乳酒「クムス」は、発酵したミルクの匂いと酸味が強烈でグラス一杯を飲み終わるのが精一杯で、お代わりをするようになるまでにはちょっと慣れが必要かもしれない。招待してくれたエージェントのアルマットからクムスを飲むと初めての人は必ず下痢をすると言われていたとおり、30分後にはトイレに飛び込むことになった。

さらにインドから入ってきたかインドに流れていったのか確信はないが、一般的なスナックにサムサがある。サムサという呼び名はインドとウズベクで、タジクではサンブサである。これは食堂で食べるというより日本の肉まんのように、町中の所々で縦型のオーブン「タンドーリ」一つでこぢんまりとアツアツのサンブサだけを売っている店が多い。サンブサにもいろいろな種類があるが、こぶし大で中身はひき肉と玉ねぎのみじん切りが主である。インドのサムサは基本的に揚げ物で、当地ではオーブンでベークする焼き物である。このサムサからさらにころもが厚くなったのがロシアのピロシキやミートパイであろう。タジキスタンでも縦型のオーブンはインドと同じくタンドーリと呼ばれ、ひき肉の串焼きがキーマカバブ、オーブンで焼いた丸型のパンがノンと呼ばれていることからすると、この国の料理には明らかにインドか南アジアの影響があると思われる。さらにサムサはサンブーサとなって中東アラブを経由し東アフリカまで伝わっているのが興味深い。

早朝や夕暮れ時にドゥシャンベの町を歩くと台所から薪で料理をする匂いが漂っている。薪を燃やす匂いは、私の子供の頃の夕暮れの匂いである。日が暮れるのも忘れて遊びまわって、薄暗くなった田舎道を歩いて家に帰るときのこの薪の匂いは、腹ぺこで遅くまで遊びまわって夕飯に間に合わないかもしれないという不安と宿題もせず遊んでいて今夜もたぶん母親に怒られそうな不安が入り交じった自分だけの懐かしい匂いなのである。タジキスタンの一般的な家庭料理では、ディムラマという牛肉とジャガイモ、玉ねぎ、人参、キャベツなどの野菜煮込みがあるが、味付けは塩コショウだけで少量の香草以外はこれも本当に特徴がない。家庭でしか出てこないものといえばマストバ、モシュキチェリ、シャカロブ、クルトブなどがある。マストバとモシュキチェリはウズベキスタンに近いホジャンド地方の料理でシャカロブとクルトブはドゥシャンベ以南のタジク料理とのことである。マストバはよく朝食として食べるミートボール入りの粥料理である。小さく切った人参、ジャガイモ、玉ねぎ、トマトなどをミートボールと一緒に煮てスープを作り、そこに米を入れてさらにコトコト煮て、仕上げにチャカ（サワークリーム）を加え、刻んだコリアンダーの葉を薬味にのせる。日本や中国粥の薬味には刻みネギが合うが、ミートボールにはやはりコリアンダーが合う。モシュキチェリはプロフと同じような米料理だがモシュという小さな青い豆が入っている。インド料理の炊き込みご飯マトン・ブリアニにも似ている。角切りのラムをたっぷりの油で炒め、さらに細切りにした人参と玉ねぎを加えて一緒に炒めてから水と干し肉（グシチェコック）を加え、煮立ったら適量の米とモシュを加えて炊き上げる。シャカロブは乾燥したチャカを水でのばし大きめの木の器の底にぬる。そこにファティルというパンをつまみ切りしたものを敷き、植物油を振り入れてからネギのみじん切りやトマトのスライスをのせる。クルトブも基本的に同様の料理だが、トマトのかわりにズィゲルという種油で炒めた玉ねぎをのせる。食べる時は料理を盛った木の器を囲んで車座になり、それぞれ自分の前の部分に手を突っ込んでこね、摘まみとって食べるのだが、この時、真ん中から手をつけたり人の部分に手をつけたりしないのがマナーらしい。

3月21日はナブルスという地方最大の祭日である。この日は伝統的な祝い料理で豆、牛の胃、玉ねぎ、小麦などを煮こんだダルダ、麦芽のお焼きのようなスマラックを食べる。また、ナブルスにはブスカシというこの地方の伝統的な騎馬戦やグシュティンギリという格闘技が行われる。ブスカシはもともと馬に乗って生きた羊を取り合うゲームだったが、現在は羊サイズの砂袋を取り合うようになった。広々とした原野で何十頭という馬で戦うこの競技は勇壮である。

タジク料理が食べられるのは、ここの人達が気軽に立ち寄る屋台や大衆食堂といった店で、外国人も対象にしたようなタジク料理だけの本格高級レストランはまだない。前述のようなタジク料理を食べようと思ったら多少見栄えが悪い食堂でも客が多く混んでいるところを選んで入ることである。「カフェ・バリイアイスト」はメインストリートのルダキ通りにある「スム」というデパートかショッピングモール風ビルの裏側にあるので外国人は気が付かないが、結構大きなタジク食堂である。ロシア語で白いコウノトリという意味らしいが名前とは似ても似つかない大衆食堂という感じで、食事時はいつもかなり混んでいる。調理場がむき出しで見通せるのは今風でなかなかいい。ここの羊丸焼き「グスパンディ・タンドーリ」は美味しい。キログラム単位でオーダーしなければならないのが難点ではある。2人で1キロ頼んだが4〜5人分は充分にある。ドゥシャンベにはこぎれいなレストランもいくつかあるが、大体ロシア料理が主で日本語で言えばいわゆる洋食レストランである。この手のレストランなら何処でも必ずあるメニューは、スープはペルミーニが無難だがラスソニクという酸味のきいたピクルスのスープも美味い。メインは鶏のキエフカツかタバカ（ローストチキン）、それにフレンチミートと呼ばれているチーズをのせて焼いたビーフステーキである。ここではアメリカや日本で食べる血のしたたるような肉厚でレアのビーフステーキを期待することはできない。筋を切るためによくたたき、しっかりと焼かないと噛み切れないので最大厚でも1㎝くらいまでであるが、ビーフジャーキィを食べていると思えばまだしっとりとした肉の食感があり、こげた肉の匂いが素朴でいい。時々魚のフライを出すレストランもある。もちろん淡水魚だけで鯉やナマズのような大型の魚が多い。鱗と内臓を処理して輪切りにしたものにころもを付け、から揚げにする。揚げたては美味しいのだが小骨が多いので食べにくい。

タジキスタンは山国であるからマスなどの渓流魚が美味い。あまり知られていないが、ドゥシャンベの国立劇場の中二階にレストランがある。ソ連が崩壊してからこの国の芸術活動は停滞し芸術家もほとんど無給状態であるが、ここは劇場の女性ディレクターが細々と経営するちょっと目立たないレストラン。レモンをたっぷりかけて食べるここの渓流魚のムニエルやホイル焼きは逸品である。隣国ウズベキスタンのタシケントに着任された中山恭子タジキスタン兼轄新任大使が信任状奉呈のためドゥシャンベに来られたとき、何もないこの国のことで自慢できる食べ物はこれくらいしかなく、醤油持参でこのレストランにお連れしたものである。

もちろん一般の食堂といわれる場所には、日本でもそうだがナプキンなどは置いていない。自分が髭を生やしているせいもあって、食べるときにナプキンがないとにかく落ち着かないのだが、高級レストランでさえも布ナプキンどころかペーパーナプキンもないところが多い。ほとんどのレストランが白いトイレットペーパーを20㎝ぐらいのスティック状に巻いてグラスに立てておいてある。この間久しぶりにシャシュリクを食べたときにナプキンをくれと言ったら、ナプキンはないと言ってテーブル布巾を持ってきた。口を拭きたいのだと言ったら、これはきれいだから大丈夫だと言われた。

UNMOTの屋上に「マウンテンビュウ・カフェ」というカフェテリアがあることは別章ですでに紹介した。ドゥシャンベでは外国人が気兼ねなく飲食できるところは限られているので、ここは他の国連機関や国際NGOのスタッフもよく集まるところになっている。ほとんどのUNMOTスタッフがここで昼食を取り、夜は飲みながら遅くまで談笑している。朝・昼食と夕食とは別々の人達がつくっている。朝食と昼食を中で作ってサービスもする女性達は5人、ボス格で料理の仕込みをするマリナは丸々と太ったしっかり者、ダブラトマは美人ママといった感じでなかなか色っぽい、タニヤはまだハイティーンだとか、大柄だが情はとてもこまやか、アローナは小柄で無口な働き者、ゾーヤはほんとのオバさん、食べかけのお皿でもすぐ片付けてしまうのでうかうかできない。皆気だてがよくやさしいのでスタッフとも和気藹々とやっているのが何よりでいい。メニューは限られていて、朝はサンブサ（ミートパイ）と菓子パンが置いてあり、頼めば卵も焼いてくれる。昼は鶏のオーブン焼き、ダムラマという地元料理（ジャガイモ、人参、キャベツと牛肉の煮込み）、レバー炒め、牛肉炒め、それに日替わりで鶏のキエフカツ、パスタ、肉詰め、ハンバーグ、コロッケ風などなどで、付け野菜がポテト、サラダ、ライス等は別に頼む。味は総体的にまぁまぁだが、これはというものはあまりない。とりわけ鶏のシャシュリクは醤油味のバーベキューで白飯とよく合い食がすすむ。チーズ入りチキンハンバーグはジューシィでとても美味いお勧め料理である。季節のデザートではイチゴミルクが結構人気で前もって言っておかないと売り切れることが多い。値段は飲み物、デザートを入れて一回2500~3500TRくらいだから2~3ドルというところでとても安い。夜のチームは年頃の女性ばかり4人、メニューは少し違って、ピザ、ホットドッグ、サンドイッチ、シェフサラダなどもあり、メインディッシュは日替わりでステーキ、中華風肉野菜炒め、牛カツ、焼きうどん風スパゲティなどがあるが、一般的に味は夜のほうがややいい。夜のメニューはステーキの４０００ＴＲをはじめピザが２２００ＴＲと昼の値段からすると高い。特にうまかったのはビーフストロガノフにちょっと似た感じのグウラッシュ（３５００ＴＲ）、もともとはハンガリーの料理だという。

食材は、バザールに行って買う。野菜類ではジャガイモ、玉ねぎ、人参、キャベツ、ラディッシュなどの基本的な野菜はほとんど一年通してあり、トマト、キュウリ、ナス、ピーマンなどは冬にはなくなってしまう。値段はキロあたり皆２００ＴＲ前後だが、春先は2~3倍の値段がつく。エシャロットやワケギあるいはニラのような長ネギ類、バジル、ミント、コリアンダー、ディル、パセリのような生のハーブ、生ニンニクなどもほとんどいつもあり、無造作に綿のタコ糸で束ねて売っている。農作物は自然にまかせて栽培しているので不ぞろいだが、旬のものはみな美味しい。とりわけ熟してから採ったトマトの味は格別である。完熟トマトは、外側はやや黄色味のある濃い赤だが中はとにかく鮮やかな赤で、スーパーマーケットの早出しトマトばかり見馴れている我々にとっては、トマトとはこんな色をしていたのかとあらためて感激させられる。完熟トマトの皮をむいてみじん切りし、ニンニクで香り付けしたオリーブオイルでよく炒め、固ゆでしたスパゲッティにからめると美味い。冷たくひやした四つ切りのトマトに塩を振って食べるのもいいが、完熟トマトはそのままかぶりつくと、昔田舎で腕白をしていた小学生のころのほのかな香りと甘味がよみがえって何ともいえない。

タジキスタンは果実が豊富で、乾燥したアンズや干しブドウなどのドライフルーツはタジキスタンの特産である。春先のイチゴに始まり、季節が進むに従いさくらんぼ、あんず、プラム、桑の実、西瓜、瓜、イチジク、洋ナシ、桃、ネクタリン、ぶどう、りんご、梨、みかん、ざくろ、オレンジなどいろいろな果物が順々に出てくるのがありがたい。秋も深まって柿が出てきたときは感激したものである。値段はキログラムあたり400〜800TRぐらいで、やはり出始めは2〜3倍の値がついている。私の田舎、群馬は昔から養蚕が盛んなところで子供の頃、田んぼ以外はほとんど桑畑であった。昔は、母親から疫痢になるから畑の桑の実は食べてはいけないと言われていたが、熟してふっくらとした紫色やピンク色のつぶつぶの実は甘いのあり甘酸っぱいのもありで子供心に目の前の誘惑には勝てず、親に隠れてよくこの禁断の実をたらふく食べた。群馬では桑の実のことを「ドドメ」と言うが、食べると口の周りがドドメ色（黒紫色）になるのですぐにばれてしまい、よく怒られたものである。タジキスタンの桑の木は栽培種ではないのでかなり大きく育った木が多数自生している。桑の実は採って乾燥させたものが一年中茶請けとしてよく出てくる。イチゴはどういうわけか10月頃にも市場で売っていた。多分そういう品種が導入されたのかもしれない。日本では今でこそ一年中見られるが、私が子供の頃、我が家ではイチゴの初物は「母の日」に食べるものだった。ドゥシャンベでは一人住まいだったが、あまりにも安いので山ほど買ったら過熟し、いたみ始めたのでそのまま自家製ジャムにした。これはただ砂糖と煮込んだだけだったが味は本格的で結構上手くできたと思っている。しばらくは、バターをたっぷり塗ったパンにこのイチゴジャムをつけて、紅茶を淹れて一人だけの朝食を楽しんだ。この、いわゆる「バタ・ジャム」も懐かしい思い出である。果物は皆、熟す直前に収穫しバザールに持ってくる、まさに英語でいうところのトリーライプンで、文字通り木で熟したものである。糖度は高く甘さと熟した実の歯ざわりがマッチしてとても美味いが、長持ちはしない。バザールの食べ物はたいがい味見ありなのでつまんでもいいが、けっして衛生的とはいえないので覚悟の上でつまむ。買うときは必ず一つずつ見ながらいいものだけを自分で選ぶようにしないと、必ずきず物やいたんだ物をつかまされるので注意がいる。

精肉類は羊、鶏、牛が主なもので、いつもあるわけではないがソ連化したイスラムの国なので豚肉を売るところもある。ウサギや家禽類は生きたまま売っている。このあたりでは何といっても肉はラム（子羊の肉）が味といい歯ごたえといい一番好まれている。あるとき仕事でホログという深い山に囲まれ寂れた町にある国連の監視事務所の視察に行ったが、これといったレストランも無いようなところなので、チームリーダーが子羊肉の手料理で歓待してくれた。とは言っても食べるまでには、凄まじくも涙ぐましい過程があるのである。まず近くの村へ行き、美味そうな子羊2頭を買った。そのまま事務所の裏庭で、屠殺解体が始まるのだが、さすがに屠殺するところは見たくないので遠慮する。もう一頭は別なところに繋いであるのだが、何が起こっているのか分かるのか、その鳴き声がとても侘しい。しばらくしてから解体場所に行ってみると、解体しやすく吊るしてあり素人にしては手際よく皮を剝がしている。もちろん当日は日暮れからビール片手に庭先で、ブルガリア風ありバングラデシュ風もありの、ラムの串焼きBBQである。次の日はバングラデシュのラムカレー、その次はブルガリア風ラムのもつ煮込みとなかなか手が込んで旨いのであるが毎日のラム攻めで、さすがに最後は臭いが鼻について、ラム料理を見るとげっぷが出そうになるほどであった。

後学のために解体の手順を記しておくと、まず羊が暴れないように四肢と頭部をしっかり押さえ、よく研いだ大型ナイフで顎の下の部分で頸動脈を一気に切り開き、充分血抜きする。イスラムではこの前にお祈りをするが、苦しめず手早く屠殺することが鉄則である。そのまま頭をはずし、四肢の蹄も筋肉がついていない関節部で切断、吊り枝に吊るす前に腱と骨の間に切れ目を入れ丈夫なロープを通しておく。後肢を上にして吊り枝に吊るし作業しやすい高さに固定し、ロープは縛るかわりに巻き取り最後の所で前に切断した蹄の肢骨を挟めばしっかりと固定する。そして上から下に向かって皮を剝ぎ取っていく。皮を剝がし終わったら、腹部を開いて内臓を取り出す。このとき胆嚢はかなり苦いのでつぶさないように気を付け、すぐに切り取っておくことが大切である。内臓をはずした精肉部分は充分に水洗いして冷蔵する。内臓は臓器ごとにはずし内容物を処理してから充分に水洗いする。青草をたらふく食った第一胃は開いたときの臭いが強烈で、庭中に広がり思わず吐きそうになる。

自力で子羊の解体処理

市場風景

アラブでは取り出したばかりの新鮮な肝臓は生食もするが、普通ここでは８㎜幅くらいに細切りにし玉ねぎと一緒に炒めるのが美味い。考えてみれば、このレバーの玉ねぎ炒めというのはアメリカ、アラブ、アフリカ、ヨーロッパ、アジアと自分が行ったことのあるところには何処の国でもあった。誰からも大騒ぎされることはないが、何処の国の人も食べているという意外な「地球料理」なのかもしれない。

鶏肉はほとんどが冷凍の輸入物だが、肉の色が白っぽくてかなり時間が経っているのは見ただけで分かる。多分冷凍と解凍を何度も繰り返しているに違いない。半身で売っているのだが、胸肉はほとんどなくやせている。牛肉はかたくて決して高級肉とはいえない。ソ連時代に宗教色はほとんどなくなってしまったといってもタジキスタンは回教国というせいか、バザールで豚肉を見ることはほとんどない。しかし、この国に住んでいるロシア系の人達のためにグリーンバザールの隅に豚肉のコーナーがあるが、実際に買えるのは週一回程度で、それもあっという間になくなってしまう。聞くところによると、ＵＮＭＯＴの隣にあるロシア軍国境警備隊の駐車場に時々豚肉を売りにくる人がいるらしいが、まだ出会ったことはない。精肉は皆バザールの店先にむき出しでかたまりをぶら下げている。したがって暑さで表面は乾き、独特の臭いに加えハエもたかっているので直接見てしまうとなかなか買う気がしない。ただし、値段は何処の部分を買っても同じなので、ここをくれといえばそこをくれるのがいい。バザールによっては鮮魚を売っているところもある。ただし淡水魚のみである。種類は鯉、バス、ナマズなどでかなり大型である。それに山が近いのでマス・岩魚の類いの渓流魚もあり、これは美味い。加工肉はタジク製のソーセージ類各種があり、輸入物も多い。乳製品では、生乳はあまりなくチャカと呼ばれるヨーグルトあるいはサワークリームの類いがあり、ディップにして棒状に切った新鮮な人参、キュウリ、セロリにつけて食べるとなかなか美味い。何時だったか、あるロシア・レストランでとった冷製スープはヨーグルトベースで、（たしかキュウリ、トマト、ジャガイモの角切りなどが入っていたと思うが）さっぱりとしてとても美味かった。このヨーグルトベースには、絶対にゆで卵の黄味を入れてまろやかな口当たりにしていると思う。やってみよう。チーズもコテイジチーズのようなものからグリークやスイスチーズタイプのものもある。加工食品はほとんどが輸入物だが、キャンディ、ジュース、清涼飲料、トマトソースなどは国産も多い。ちなみに加工食品はバザールよりは近所の食料雑貨品店で買うが、こういう店には生鮮野菜はないので必ず両方に行くことになる。

食べ物の話からはややそれるが、タジキスタンにも闇の経済を取り仕切る、いわゆるマフィア組織があるらしい。ドゥシャンベの高級レストランはそのマフィアが経営するところが多いのでマフィア同士の対立の舞台になりやすい。それに加えて、この国のＶＩＰといわれる人達は治安状態からして武装したボディガードを連れているので、時々撃ち合いにまで発展することがあるという。ＵＮＭＯＴの警備課から時々この手のレストランには出入りしないようにという警告が出ている。いずれにせよ、私服のボディガードでも拳銃はむき出しで腰に差しているし、迷彩色の戦闘服に自動小銃カラシニコフを抱えたボディガードのほうがはるかに多いのである。ＶＩＰが来ている時のレストランは極めて不愉快で落ち着かないので、オーダーの前にボディガードがうろうろしているのが分かればすぐに出るが、頼んだ後ならテーブルを代えて、せめて見えないところに移ることにしている。しかし、こういう所に限って感じのいいウエイトレスがいるのでそれに惹かれてついつい出かけてしまうのである。ところがタジキスタンの和平も終盤を迎え、国連平和維持活動にとっては最後のメインイベントになる国会議員選挙のころになると陰の対立が激しくなり、対立候補を狙った爆弾騒ぎや撃ち合いなどに加え治安の悪化が目立つようになって、武装したガードがいるマフィア系のレストランのほうが安全だということになったのは皮肉である。

あとがき

私は、国連開発計画（UNDP）の採用面接で志望動機を聞かれた時に、「子供の頃、ハリウッド映画の『ターザン』を見て自分もジャングルのターザンのようになりたいと思っていたから」と答えた。ターザンといっても今の若い人達には何の映画だか分かる人がいないのが残念だが、ターザンは赤ん坊の時からアフリカのジャングルでチンパンジーやライオンや象に育てられた白人青年の話である。ターザンは、ダイヤや金鉱を求めてやってきた白人の侵入者が欲に駆られてジャングルの資源を奪い黒人や動物達を銃で殺すのに憤然としてこの略奪者達と果敢に戦い、ジャングルと動物達と宝物を守る英雄である。後からターザンを探しにやってきた探検家とその娘ジェーンと出会い、彼女と結ばれてボーイという子供もできる。ターザンが燃え盛る山火事の中、「アーアアーアア」という雄叫びを上げながらジャングル中のすべての動物を呼び集め、悪者侵入者を追い払う最後の場面は圧巻で今でも目に焼き付いている。私がターザンという志望動機で国連に採用されたかどうかは定かではないが、今どき子供の時に描いた夢を一生の仕事として続けられるなどということはないに等しい。このジャングルとターザンのイメージをもって学生時代に途上国の開発協力を目指してから、自分がこれまで国連勤務や大学での教鞭を通して国際協力の道一筋に歩いてこられたことに感謝している。

しかしこれは私だけの満足であって、私の家族は必ずしも幸せではなかったかもしれない。特に妻は探検家の娘ジェーンではない。私と出会うまでは外国に住むことなど考えたこともない普通の娘であった。ましてやイエメンやソマリアという医療設備も満足でない不健康地で乳飲み子を二人も育てるのは並大抵の苦労ではなかったと思う。その後ニューヨーク本部勤務となってこの苦労からは解放されても、私達の心はお互いに離れていくばかりだった。親の諍いで被害をこうむるのは思春期の子供達である。もう手遅れ気味ではあったが、私が家族から離れることで子供達への影響も最小限に抑えられると思い、単身PKOへの参加を決意した。心残りは私が子供達から離れることで、大事な時期に人間としての生き方や父親の人生観を子供達に伝えられなかったことである。それで私は無性に何かを書き残さなければと思いはじめ、この本を書くことにした。したがって、これは私がピースキーパーとしてタジキスタン滞在中に書き綴ったものを通し、父親として伝えることができなかった思いを込めて送る、二人の子供達へのメッセージでもある。

人が自分の職業を選ぶ時、何が決定的な要因になっているのかはよく分からない。特に日本的価値観では、高給で社会的な評価が高く安定していることだけが職業を選ぶ時の重要な基準になっているように思う。そのために出来上がったのが現代の日本の学歴社会であり、子供の時からそうなるようにと育てられている。それは間違いではないが、人には向き不向きもあり誰もがそのような一般的基準を満たす仕事につけるわけではないし、なによりも人生観や使命感、さらに言えば野心や挑戦といった意気込みが失われているように思える。こういうことを言うこと自体が世間では青臭いとあしらわれるご時世である。しかし自分が信じたことをとことん追求する生き方があってもいいじゃないかと思う。ましてや、このごろはやりのリストラとやらで日本の伝統的な終身雇用制度も崩れ、家族よりも大事に忠誠を尽くしてきた会社から肩を叩かれるようになった。心のより所としていたものが突然消えてしまった抜け殻のような親の時代である。そういう親を見て育った子供達の世代には夢がない。大人になったことを社会が祝ってくれる成人式に子供っぽいばかげた騒ぎをするのは信じられないことだが、それは彼等が大人になりたくないと言っている潜在心理的メッセージなのかもしれない。

若さの素晴らしさというのは無謀とも言えるエネルギーの発散である。これはいつの時代にも変わることのない自然で必要な行動現象なのである。これに対し大人社会は充分な環境をつくり出し、有り余るエネルギーの昇華を社会の貢献に導く責任がある。是非はともかく昭和20年までの日本の戦時社会ではこのエネルギーを軍隊が利用し、戦争で消耗してしまった。さらに戦後の民主教育の中で、行き場を失った若者のほとばしるエネルギーは昭和30年代後半の反戦・反体制の学生運動となって爆発した。学生運動が下火となって一時期体育会系の根性のスポーツ時代もあったが有り余るエネルギーの発散には充分ではなく、暴走族などの反社会行動が広がってきた。そして現在は、若者がエネルギーを発散することもなく受験教育一辺倒の沈鬱とした生活を続けた結果、普通の子供達の陰湿ないじめや家庭内暴力さらに青少年の殺人として社会問題となっている。今若者のエネルギーの発散はどこに向ければいいのか。社会がオロオロするばかりでどうしていいのか分からないでいるのだから、若者が知るはずもない。私は国連における開発協力と平和維持活動の経験を通していくつかの国際ＮＧＯに接する機会があった。中には独り善がりで過激なだけのＮＧＯもあるにはあるが、なによりもＮＧＯには信条と使命感にもとづいた体当たりの実践がある。途上国での困難な生活条件を克服し、現地の人達とともに奮闘している日本の若者達を見て、これからの日本の若者が目指すべき一つの方向を見たような気がした。

登丸　求己（とまる　もとみ）

1945年、敗戦の昭和20年８月16日、旧満州国新京市（長春）で生まれ、引き揚げ後は父の郷里、群馬県前橋市で育つ。

1968年７月、玉川大学農学部４年在学中に卒論調査としてインドに単独渡航、カシミール州スリナガル市郊外のOISCA農業開発プロジェクトに１カ月間投宿。

1975年12月、オクラホマ州立大学大学院農業経済学修士、国際開発専攻。

1977年、開発コンサルタント会社勤務、ODAプロジェクト開発調査や実施監理のためバングラデシュとスリランカに駐在。

1980－2001年、国連開発計画（UNDP）勤務：

北イエメン常駐代表事務所開発企画官、ソマリア常駐代表事務所常駐代表補佐官、ニューヨーク本部アラブ・ヨーロッパ地域局地域計画部地域企画官、国連科学技術開発基金企画管理官、事業政策支援局科学技術・民間部門部企画管理官など。

1997－98年、研修休暇：ニューヨーク・コロンビア大学客員研究員、同時に国連支援交流財団ニューヨーク代表を委嘱。

1999－2001年、PKO出向：国連タジキスタン監視団民政官、国連東ティモール暫定行政機構政策企画課長。

2001年４月、玉川大学教授、国際関係ゼミ、国際協力論、国際開発論、異文化コミュニケーション論など担当。

2011年３月－現在、玉川大学を定年退職、地球市民の平和塾を主宰し、主に小中高生と大学生を対象の出前授業を行う。

国連タジキスタン監視団民政官の記録

国連ピースキーパー「この国の和平につくして死す」

The UN Peacekeepers, Died Serving the Cause of Peace

2021年7月27日　初版第1刷発行

著　者　登丸求己

発行者　中田典昭

発行所　東京図書出版

発行発売　株式会社 リフレ出版

〒113-0021　東京都文京区本駒込 3-10-4

電話 (03)3823-9171　FAX 0120-41-8080

印　刷　株式会社 ブレイン

© Motomi Tomaru

ISBN978-4-86641-420-1 C0031

Printed in Japan 2021

本書のコピー、スキャン、デジタル化等の無断複製は著作権法上での例外を除き禁じられています。本書を代行業者等の第三者に依頼してスキャンやデジタル化することは、たとえ個人や家庭内での利用であっても著作権法上認められておりません。

落丁・乱丁はお取替えいたします。

ご意見、ご感想をお寄せ下さい。